Couverture inférieure manquante

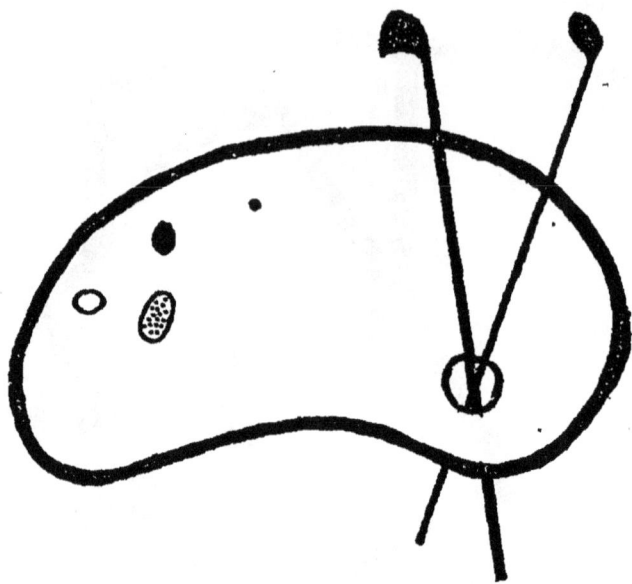

DEBUT D'UNE SERIE DE DOCUMENTS
EN COULEUR

LA VERRERIE

ET LES

GENTILSHOMMES VERRIERS

DE

NEVERS

AVEC UN APPENDICE SUR LES VERRERIES DU NIVERNAIS

PAR

L'Abbé BOUTILLIER,

CURÉ DE COULANGES-LES-NEVERS,

ANCIEN ARCHIVISTE MUNICIPAL.

VICE-PRÉSIDENT DE LA SOCIÉTÉ NIVERNAISE DES LETTRES, SCIENCES ET ARTS,
MEMBRE DE PLUSIEURS SOCIÉTÉS SAVANTES.

NEVERS,

IMPRIMERIE FAY. — G. VALLIÈRE, SUCCESSEUR,
Place de la Halle et rue du Rempart.

1885

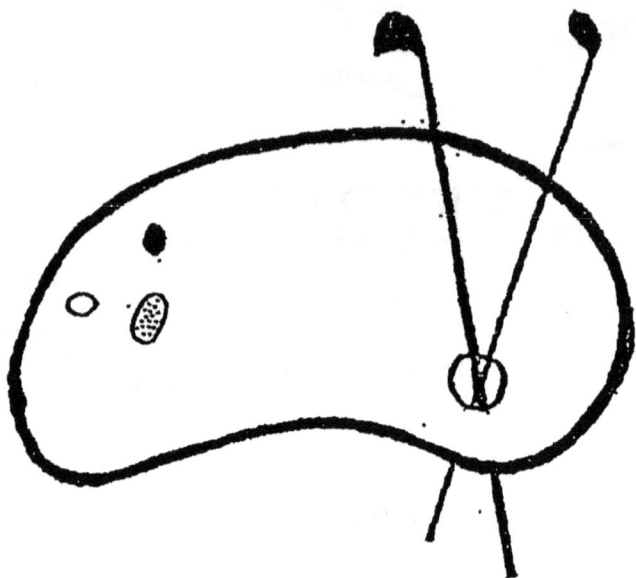

FIN D'UNE SERIE DE DOCUMENTS
EN COULEUR

LA VERRERIE

ET LES

GENTILSHOMMES VERRIERS

DE NEVERS.

LA VERRERIE

ET LES

GENTILSHOMMES VERRIERS

DE

NEVERS

AVEC UN APPENDICE SUR LES VERRERIES DU NIVERNAIS

PAR

L'Abbé BOUTILLIER,

CURÉ DE COULANGES-LES-NEVERS,

ANCIEN ARCHIVISTE MUNICIPAL.

VICE-PRÉSIDENT DE LA SOCIÉTÉ NIVERNAISE DES LETTRES, SCIENCES ET ARTS,
MEMBRE DE PLUSIEURS SOCIÉTÉS SAVANTES.

———

NEVERS,

IMPRIMERIE FAY. — G. VALLIÈRE, SUCCESSEUR,
Place de la Halle et rue du Rempart.

1885

INTRODUCTION.

« Si la céramique, écrivait en 1873 l'auteur des *Verreries à la façon de Venise* (1), a inspiré de nombreux ouvrages qui permettent aujourd'hui de suivre les débuts, les progrès et les différentes transformations de cette industrie dans les différentes contrées de l'Europe, l'art de la verrerie ne compte, jusqu'ici, que quelques publications incomplètes, et l'histoire générale de la fabrication des produits d'art et de luxe, même depuis l'époque de la Renaissance, est encore à écrire. »

Cette judicieuse réflexion s'applique tout particulièrement au Nivernais. Dès 1863, M. du Broc de Segange, dans le beau livre : *la Faïence, les Faïenciers et les Émailleurs de Nevers*, édité par la Société nivernaise, nous faisait connaître les origines historiques d'une industrie, l'une des gloires de notre cité. Il racontait bien au long les procédés de fabrication et de décoration de la faience nivernaise, et la classait en cinq époques déterminées d'après le style et le caractère des produits céramiques de Nevers. Un chapitre

(1) Avec ce second titre : *la Fabrication flamande*, d'après des documents inédits, par J. Houdoy. Paris, A. Aubry, rue Séguier. Dumoulin, quai des Augustins.

spécial était aussi réservé aux émailleurs, et bien qu'il nous eût révélé un texte précieux et oublié signalant l'existence simultanée dans notre ville, dès le seizième siècle, des artistes habiles non-seulement dans le travail de la poterie et de l'émaillure, mais aussi de la verrerie, l'auteur gardait le silence sur les gentilshommes verriers.

Et cependant, non moins que les œuvres des faïenciers et des émailleurs, les produits des verriers, pendant près de trois siècles, avaient attiré dans la *grand'rue* de Nevers, la foule des étrangers qui y venaient admirer le *Petit Muran* de Venise et toutes ces sortes de « gentillesses » qu'on ne retrouve qu'en Italie.

Parmentier, dans le chapitre des *Archives de Nevers* (1), consacré au corps des arts et métiers, avait bien signalé, il est vrai, sous le titre *Verrerie*, les priviléges concédés par Henri IV au seigneur Jacques Sarode, puis le rétablissement de la verrerie en 1647 par le seigneur Jean Castellan, mais il s'arrête à 1665 et ne mentionne même pas l'établissement des Borniol.

Le travail de classement et de rédaction de l'*Inventaire des archives communales et hospitalières de Nevers* nous ayant fait découvrir quantité de documents précieux et absolument inédits sur un sujet jusqu'ici entièrement délaissé, la pensée nous vint de les coordonner et de faire connaître, avec les noms et les principaux épisodes de la vie des gentilshommes verriers, quelques détails sur leur industrie.

Ce ne devait être tout d'abord, dans notre pensée, qu'un chapitre de la belle histoire des bienfaits des princes de

(1) Tome II, pages 62-75.

Gonzague dans leur bonne ville de Nevers, histoire depuis longtemps désirée; cependant, à mesure que nous écrivions, la matière semblait grandir, le cadre se développait; puis, étant données d'importantes communications faites par de laborieux et bienveillants collègues dont les noms sont souvent cités dans ces pages, le chapitre, grossissant tous les jours, devint l'*Histoire des gentilshommes verriers et de la verrerie de Nevers.*

Sur la demande de la Société, nous dûmes même ajouter un chapitre spécial traitant des différentes verreries établies dans l'étendue de la province et du département; et ce chapitre, à lui seul, s'il n'eût fallu nous borner, eût pu facilement devenir un volume.

Que si l'on nous reprochait d'avoir trop donné à l'histoire et de ne pas signaler, comme on l'a fait pour les faïences, les signes caractéristiques des différentes époques et des divers lieux de fabrication, la réponse est facile : *Ignoti nulla cupido ;* il fallait d'abord attirer l'attention sur le verre, comme on l'a fait pour la céramique. Qui pensait, il y a quelques années, à collectionner les ouvrages de verre ? Ce premier but est atteint. Bientôt les musées publics et les collections privées, quelques-unes déjà que nous avons particulièrement citées, fourniront de curieux éléments de comparaison (1).

Il ne faut pas se dissimuler qu'il sera toujours quelque peu difficile de distinguer les différences entre les diverses fabri-

(1) Le musée de Varzy (Nièvre) possède de curieux spécimens de nos verreries ; nous en avons vu aussi de très-remarquables au musée de Bourges, à Moulins, etc.

ques et qu'on doit renoncer à juger des verres comme des faïences. Cependant, un examen attentif pourra parfois fournir des moyens de distinction. Un vieil auteur prétend que les verreries nivernaises se reconnaissent aisément, « le verre n'étant pas blanc, mais bien d'un blanc tirant un peu sur le jaune (1). »

Une autre source de difficultés surgira. Nos verriers d'origine altariste se faisaient privilégier en France pour la verrerie à la façon de Venise, et se trouvant à Nevers, comme à Liége et dans maintes autres villes, en contact avec

(1) *L'Art de la Verrerie, où l'on apprend à faire le verre, le cristal et l'émail, la manière de faire les perles, les pierres précieuses. la porcelaine et les miroirs, la méthode de peindre sur le verre et en émail, de tirer les couleurs des métaux, minéraux, herbes et fleurs,* nouvelle édition, augmentée d'un traité des pierres précieuses, par M. Haudiquer de Blancourt. Seconde partie.

A Paris, rue Saint-Jacques, chez Claude Jombert, au coin de la rue des Mathurins, à l'image Notre-Dame. MDCCXVIII, avec privilége du Roy.

CHAPITRE CCXII.

La manière de peindre sur le verre.

« On doit premièrement choisir un verre que nous appelons *de Lorraine*, quoi qu'il s'en fasse *à Nevers* de la même nature, parce qu'il prend mieux les couleurs que les autres verres et qu'il résiste mieux au feu, étant plus fixe. Ce verre se connaît aisément, n'étant pas blanc, mais bien d'un blanc tirant un peu sur le jaune. » (Page 136. — Communication de M. Bouveault.)

On voit qu'il s'agit ici du verre en table.

Les échantillons de ce verre que nous possédons sont plutôt d'un blanc légèrement verdâtre. Ce *verre de Lorraine* ne se faisait pas à Nevers, mais bien à Bois-Giset, et dans les autres verreries du Morvand, par les *verriers lorrains.*

des Muranistes, ils ont dû leur emprunter quelques-uns de leurs procédés, de leurs modèles. Comment alors déterminer la différence entre la façon de Venise et la façon d'Altare ?

Déjà, en 1607, un auteur cité par M. Schuermans (1) se plaignait des fournaises de Liége « où l'on praticque de contrefaire les verres de Venise si ponctuellement qu'à grand'peine les maîtres eux-mêmes sauraient juger de la différence ».

Puisque les maîtres mêmes se seraient trompés aux contrefaçons de verres de Venise, comment pourrons-nous juger avec certitude des objets renfermés dans nos vitrines ! Mais ces difficultés ne doivent-elles pas plutôt stimuler la curiosité des amateurs ?...

Nous sommes bien loin, en vérité, d'avoir épuisé la matière au point de vue purement technique.

Et que de documents historiques nous sont demeurés inconnus, enfouis peut-être au fond de quelque modeste

---

(1) Cinquième lettre au comité du *Bulletin des commissions royales d'art et d'archéologie*. Cette lettre fournit quantité de documents des plus utiles pour l'étude comparative des verreries de Liége et de Nevers, également à la « façon de Venise » et « d'Altare », et pour l'histoire générale de la verrerie en France.

M. Schuermans arrive à cette curieuse conclusion, tout à l'honneur de notre cité, que Henri IV, en introduisant partout en France, sur les « mouvements premiers » du duc de Nevers, la verrerie à la façon d'Altare, avait pour ainsi dire divisé la France en *départements verriers* affectés à des Altaristes : Lyon et Nevers aux Ponté et Saroldi, dont il maintenait la possession ; Melun et Paris, avec une zone de trente lieues à la ronde, aux Saroldi ; Rouen et un rayon de vingt lieues aux Buzzone et Bartholus.

étude de notaire, dans des liasses poudreuses fermées depuis des siècles !

Que d'autres donc ne craignent pas de poursuivre cette étude, qui nous a procuré de si honorables relations en Italie et en Belgique, et nous a valu de la part de nos collègues de si aimables encouragements ; heureux de l'avoir entreprise, nous serons plus heureux encore de la voir noblement achevée.

HISTOIRE

DES

GENTILSHOMMES VERRIERS

ET

DE LA VERRERIE DE NEVERS.

CHAPITRE Ier.

PREMIÈRE ÉPOQUE.

JACQUES SARODE, *premier maître de la verrerie de Nevers.*
(Seconde moitié du XVIe siècle.)

Établissement d'une verrerie de cristal à Nevers sous Henri IV ; — il est fait mention, dans l'épître dédicatoire de Gaston de Claves, en 1590, au duc Louis de Gonzague, des *artifices artis vitrariæ* fixés à Nevers avec les faïenciers et les émailleurs ; — on les rencontre, dès 1585, sur les registres de la paroisse Saint-Laurent ; — le seigneur Jacques Sarode et sa famille ; — il fait enregistrer par les échevins de Nevers les priviléges royaux en faveur des gentilshommes verriers ; — originaires d'Italie, les Sarode sont à Lyon, puis à Melun, avant de se fixer à Nevers ; — dans le même temps les maîtres potiers du nom de Gambin, eux aussi Italiens, sont à Lyon, puis à Nevers ; — Jacques Sarode va fonder une verrerie à Paris ; il laisse pour lui succéder à Nevers son neveu Horace Ponté et son frère Vincent Sarode ; — offrandes de verres de cristal raffiné faites par les échevins aux rois, princes et grands seigneurs de passage en notre ville ; — Altare, au pays de Montferrat, est le lieu de naissance des Sarode ; preuves de leur noblesse.

Un vieil auteur contemporain d'Henri IV, racontant l'*Histoire de la Paix sous le règne du très-chrestien roy*

1

de France et de Navarre, exprime en quelques lignes, d'une concision pleine de charme, comment son héros s'empressa d'employer les loisirs de la paix au rétablissement en son royaume des manufactures et industries, et notamment des verreries de cristal qui « se font d'ordinaire par les estrangers », mais comment en particulier il avait été devancé par le duc de Nevers.

« Encore un autre embellissement, dit-il (1), s'est recommencé des verreries de crystal, à la façon de ceux de Venise, qui, ayant esté commencé par grande solemnité à Saint-Germain-en-Laye, du temps du roy Henri second, et continué jusques-à Charles IX, néantmoins s'est depuis intermis et du tout cessé finalement, pour ce qu'il falloit que tous biens revinssent au roy victorieux de tous troubles et empeschements, pour faire revivre et régner un chacun art en sa propre splendeur et le ramener à sa perfection la plus grande qui se puisse.

» *Le duc de Nevers deffunct en donna au roy les mouvemens premiers, lequel aussi en sa maison de Nevers avoit recommencé ledict artifice, non-seulement pour les verres de crystal, mais pour les couleurs de topase, esmeraudes, iacintes, aigues marines et autres joliveteʒ, qui approchent du naturel des pièces vrayes orientales. C'est asseʒ pour ceste heure parlé de ces manufactures* (2). »

En vérité, cette brillante description nous fait regietter que l'auteur, « très-humble et très-fidèle serviteur domestique

(1) Il vient d'être question des *manufactures de soye d'or et d'argent et de l'établissement des pépinières de meuriers.* (*Chronologie septenaire de l'Histoire de la Paix entre les roys de France et d'Espagne, de 1598 à 1604.* 2ᵉ édition, à Paris, chez Jean Richer, rue Saint-Jean-de-Latran, à l'Arbre-Verdoyant. 1606; fol. 409-10 '

(2) Livre Vᵉ de l'*Histoire de la Paix*, p. 371, verso, à 376. — L'auteur est Pierre-Victor-Palma Caiet ou Cayet, dont la vie fut très-orageuse. Né de parents catholiques, il avait embrassé le calvinisme, puis il rentra dans le sein de l'Église à Paris, en 1595.

de Sa Majesté », comme il se qualifie lui-même, et qui paraît d'ailleurs avoir été fort bien renseigné sur les faits et gestes de nos princes, car il se plaît à raconter en grands détails tout le voyage du duc Charles en l'année 1602, pour le siége de Bude, en Hongrie, n'ait pu trouver « l'heure » de revenir sur ce sujet avant de terminer son curieux ouvrage.

Toutefois, dès 1590, un autre auteur originaire de notre province, Gaston de Claves, félicitait l'illustre prince Louis de Gonzague, duc de Nivernais et de Rethel, d'avoir introduit dans son duché trois arts nouveaux et distincts : les verriers, *artifices artis vitrariæ*, les potiers, *figulinæ*, les émailleurs, *encausticæ*, et il s'exprimait en ces termes pleins d'enthousiasme, dans l'épître dédicatoire de son apologie (*Apologia Argiropeiæ et chrysopeiæ adversus Thomam Erastum, Nivernis*) :

« Parmi les hommes qui procurent la célébrité aux villes, il faut compter les ingénieux artistes en toutes sortes d'arts. C'est ainsi que les artistes habiles dans le travail de la verrerie, de la poterie et de l'émaillure, appelés par vos ordres ou attirés par l'immunité des impôts, ont su produire d'excellents ouvrages, non moins utiles à nos concitoyens qu'admirables aux yeux des étrangers... Vous avez voulu que ces hommes distingués vinssent contribuer à l'ornement de votre cité par leurs talents et par les édifices dont ils vont l'embellir... (1) ».

Le duc de Gonzague, en effet, observe M. du Broc de

(1) *Hinc vitrariæ, figulinæ et encausticæ artis artifices egregii, jussu tuo accersiti .. præstantia opera civibus tuis commoda magisque exteris admiranda subministrant...* Cette si curieuse épître, bien qu'imprimée à Nevers, était demeurée introuvable jusqu'en ces dernières années, où M. du Broc de Segange eut l'heureuse fortune de la rencontrer dans l'ouvrage anglais de Marryat : *History of potery*, p. 88, et de la publier dans son magnifique volume sur *la Faïence, les Faïenciers et les Émailleurs de Nevers*, p. 56.

Segange, malgré les agitations de la vie des camps, malgré les graves préoccupations des affaires du temps, employait toute son activité à naturaliser dans son duché les différents arts qu'il avait vu briller d'un si vif éclat en Italie ; Nevers était devenu le rendez-vous des hommes les plus distingués par leur naissance et par leur savoir. Parmi les étrangers, les Italiens occupaient naturellement le premier rang. Arrivés la plupart en France à la suite des Médicis, ils devaient chercher à se rapprocher d'un prince qui tenait à honneur de propager dans ses États les magnificences artistiques de leur commune patrie...

Et si maintenant, à l'exemple du savant historien de *la Faïence, des Faïenciers et des Émailleurs de Nevers*, nous allons tout d'abord, comme à une source féconde, chercher, dans les anciens registres des paroisses de la ville, la trace oubliée de nos premiers artistes en l'art de verrerie, voici, à l'ombre de l'antique église Saint-Laurent, dont le dernier vestige vient de disparaître pour faire place à un marché public, voici, au premier rang, le nom d'un Italien, hier encore bien inconnu parmi nous : Jacques *Sarode*, lequel pourtant, plus que celui des Gambin et des Conrade, a brillé d'un vif éclat, non-seulement à Nevers, mais dans les plus grandes villes de France.

Le curé de Saint-Laurent lui-même, il est vrai, ne connaît pas, dès le début, d'une manière bien exacte, le nom du nouveau paroissien, de sa grande rue de la Tartre, il n'ose du moins le transcrire. Une première fois, « le dymanche après la Saint-Laurent 1585 », il se contente de cette vague indication : « Feut baptizé ung filz des verriés nommé Joseph ; parrin le frère, — marreines la femme Guillaume Conte et Rehaine Gairard. » Deux ans plus tard, le dimanche 20 août 1587, il écrit encore d'une façon indécise : « Feut baptizé le fils du seigneur Jacques, verrier ; combien qu'il y avoit environ quinze jours que l'enfant estoit né, mais il attendoit ung parrin nommé le seigneur Pierre et ung aultre verrier nommé Baptiste. » L'enfant fut nommé *Jehanni*, sa

marraine fut « une petite damoyselle que son père fait des
bacgues (?), ne scay le nom (1). »

Le 21 février 1590, le seigneur Jacques, qualifié du titre
de « maître-verrier », est parrain d'une fille de Reine
(Rehaine) More avec la femme de monsieur-Roy; et Catherine Gambigne (sic), femme du maître potier, pour marraines. Il l'est de nouveau, en 1591, avec l'autre verrier
Baptiste, d'un fils de Jacques Guillier; mais toujours point
de nom patronymique ! Cette même année (19 février 1591)
fut aussi baptisé un troisième fils du seigneur Jacques et de
sa femme... (le nom est resté en blanc), nommé Hugoné, et
« furent parrins ung verrier nommé Hector Borniol et
Thomas Pollet, mabrier; marrène Gilhberde Charisman-
trant; » — puis, le 6 avril 1594, est baptisé François, fils
du seigneur *Jacques Sarrode* (2) et de damoiselle Marguerite;
parrains : noble Martin Dyédes, émailleur, et Anthoine
Brisson; marraine, Françoise Curre; — et encore, le
16 octobre 1595 : « A esté baptizée la fille du seigneur
Jacques Sarrode, maître verrier de la verrerye de Nevers,
et de dame Margueritte sa femme. Ses parrin et marrenes
honorable homme maître Vincent Brisson, honeste femme
dame Estiennette Millin et honneste fille Catherine Pompe
(*sic*), et a nom Catherine. »

Le bon curé avait raison de craindre de fausser le nom de
ces nouveaux venus; ici même, il fait erreur dans le nom
de la seconde marraine : ce n'est point « Pompe » qu'il faut
lire, mais « Ponté », nom italien aussi qui bientôt fixera tout
spécialement notre attention.

(1) Probablement un des premiers émailleurs, avec lesquels les
verriers furent, dès le principe, en constante relation, à raison de la
communauté de leurs travaux.

(2) Les comptes de la ville cependant le nomment antérieurement :
A la date du 19 juillet 1592, le receveur délivre au seigneur *Jacques
Sarraulde*... un mandat de 5 écus 20 sols « pour seize cens de mosle
(bois de moule), qu'il a livré pour les gardes de ceste ville ». Le reçu
est signé : *Jacobo Sarodo.*

Le 5 août 1597 et le 22 mai 1599, sont encore baptizés deux autres fils de « honorable homme Jacques Sarrode et de honnête femme Marguerite Sara. Le premier a nom Jehan (1), le second se nomme Françoys, et a pour parrains honorables hommes Augustin Chorade, Françoys Sarode, et pour marraine honnête femme Marie Carpantier. »

Dès-lors il n'est plus question du « seigneur Jacques », qui semble avoir quitté Nevers... Mais le gentilhomme verrier n'était point venu seul en notre ville. Comme nos premiers faïenciers, il apparaît accompagné d'une famille nombreuse de frères, beaux-frères et neveux, qui tous ont voulu suivre sa fortune (2).

(1) C'est lui sans doute qui signe très-élégamment *Jehan Sarodo*, le 6 août 1610, comme parrain d'un fils du maître émailleur Gervais Dupré, puis en 1614, 1618, 1625; qualifié d'abord d'honnête fils, il porte dans ces derniers temps le titre de « seigneur Jehan ».

(2) Nous devons à M. de Laugardière la communication d'une curieuse généalogie de la famille Sarode, publiée dans le *Dictionnaire des familles de l'ancien Poitou* (tome II, 1840-1854). On y lit que *Jacques Sarode* était fils d'*Antoine Sarode*, marié le 25 juin 1551 à Marguerite Ponté (son frère *Joçet* et son cousin germain *Pierre* Sarode, écuyer, seigneur de la Voste, assistaient au mariage), et *petit-fils* de *Gassepard de Sarode*, marié à Catherine Massard. *Vincent Sarode*, frère du seigneur Jacques, écuyer, seigneur de Mise-Grande, fut le premier qui vint s'établir en France. Il épousa, le 24 novembre 1593, Jeanne Babin, fille de Jean, écuyer, et d'Angélique de Buisson, qui demeuraient à la verrerie de la Fosse-de-Nantes, et eut deux fils, *François* et *Étienne* (on oublie *Jérôme Sarode*, dont il sera parlé au chapitre suivant, dans deux actes de 1624). — Ce dernier, qualifié seigneur de la Theurière, eut : d'un premier mariage avec Françoise Cillard, veuve de feu noble homme Jean Gendron, seigneur de Drouillay, *Joseph*, écuyer, seigneur de la Theurière, marié le 4 août 1682 à Suzanne Varenne, fille de François, seigneur de la Lombardière, et de Judith Thomelet, veuve de Sébastien de Brossard, écuyer, seigneur de la Brosse; d'un second mariage avec Julienne Perdrier, veuve de feu François Morin, *Charles*, écuyer, seigneur du Baignon, qui épousa, le 31 janvier 1687, Edmée de Varenne; *Virgile-Joseph*, marié le 26 octobre 1697 à Marie-Madeleine Chaumont, veuve de Jacques Massard. — De ce mariage est issu *Charles-Joseph*, chevalier, seigneur de Bon-

Et vraiment, avant de poursuivre notre récit, n'est-ce pas faire acte de bonne justice que de consigner sur ces pages, comme en un mémorial d'honneur, les noms des divers membres de cette légion d'artistes qui, à l'appel d'un prince d'une magnificence vraiment royale, étaient venus illustrer notre cité ?

1° Vincent Sarode, frère de Jacques et son associé, « ung des maistres de la verrière de ceste ville ». Il est une première fois parrain, le 10 février 1595, d'un fils d'Étienne Doyard, maître serrurier de la ville, et encore, le 28 septembre 1612, d'un fils d'honorable homme Antoine Julyen ; il signe cet acte en italien : *Vicencio Sarodo.*

2° Benostin Sarode, parrain, le 27 janvier 1599, avec honnête fille Catherine Ponté et Jeanne Grénetier, marraines, d'une fille d'un certain Jehan, du pays de Sousse (?).

3° François Sarode, parrain, le 22 mai 1599, avec Augustin Conrade et honnête femme Marie Carpentier, marraine, du dernier fils du seigneur Jacques, qui portera ce même nom de François et que nous retrouverons qualifié, non pas du titre de honorable homme, réservé aux hommes mariés, mais

nœuvre, marié à Marie-Madeleine de La Touche-Limouzinière, d'où : 1° un fils, *Joseph-Pierre,* marié à demoiselle N. Beaulieu de La Mantruère ; 2° *Henri-Philippe,* chevalier, seigneur de la Bignonnière, marié en premières noces à Marie-Éléonore-Hector de Tirpoil, puis en 1772 à Rose-Marguerite Landois de La Gonterie, fille de Nicolas, seigneur des Landrières, procureur fiscal de la baronnie des Essards, et de Renée-Charlotte Houillon. — De ce dernier mariage sont issus quatre filles et un fils, *Henri-Joseph* de Sarode, né le 22 juin 1781, marié le 25 juillet 1812 à demoiselle Marie-Jeanne-Adelaïde Baron de La Fumoire, dont il eut trois fils et trois filles ; la plus jeune, Virginie-Hyacinthe-Adelaïde, est née le 2 janvier 1815 ; le précédent, Gustave-Adolphe-Ferdinand, né le 3 août 1821, a épousé le 16 novembre 1845 demoiselle Euphrasie-Marie-Flavie Brilhouet de Montaigu.

Dans cette généalogie très-importante, puisqu'elle nous donne l'origine du seigneur Jacques, on remarquera qu'il n'est aucunement question de sa descendance directe, qui, cependant, n'a point manqué à Nevers.

de *honnête fils*, parrain, à son tour, le 19 janvier 1617, avec Gabrielle Brisson, marraine, d'une fille de Philbert Gyrard, puis, le 21 juin 1621, avec honnête fille Françoise Chastignier, marraine, d'un fils de Jean Besson, maître potier, et encore, en 1625, d'un fils de Gervais Dupré, émailleur.

4° *Marcoroli Sarodo*, qui signe, le 16 juillet 1599, un mandat délivré par les échevins au nom du seigneur Vincent, et n'est connu que par ce seul acte.

5° Plusieurs parents de Jacques Sarode, encore en bas âge à sa venue à Nevers, ne tardent pas à apparaître sur les registres de paroisse ou dans les contrats.

D'abord, honnête fils *Mamfrein Sarode*, parrain le 17 mai 1602 avec un autre honnête fils Jean Ponté, son cousin, et Marguerite Sarode, sa cousine ou peut-être sa sœur, marraine, de Jehan, fils d'Étienne Macet et d'Anne Morin. De nouveau parrain, le 11 novembre 1613, pour le baptême d'une fille de honorable homme Jehan Prestereau, « maître esmailleur », et de honnête femme Marguerite de Ville, il signe d'une façon très-nette et parfaitement lisible : *Manfrin Sarodo*. On le retrouve de même le 1er octobre 1619.

Nous retrouvons aussi comme parrains, sur les registres de la paroisse Saint-Laurent : *Antonio Sarodo*, en 1604 et 1609; *Hiromi Sarodo*, en 1609 et 1613; *Andrea Sarod*, en 1626, etc.; — honnête fils *Jacques Sarod* est parrain à Saint-Genest le 1er mai 1670; il signe : *Jo Jacomo Sarodo lui parino*.

Un certain nombre de femmes du même nom de Sarode se rencontrent aussi tout particulièrement dans les actes de baptêmes : Le 14 juin 1597, *Léonie Sarode*, une sœur du seigneur Jacques, est marraine avec dame Françoise Chorade et son frère Jacobo Sarodo, de Jacquette, fille d'Étienne Massé, et d'Anne Morin; elle l'est de nouveau en 1598, le pénultième du mois de mai, avec dame Valentine Gambin et honorable homme Horace Ponté, d'une fille de Michel Seyton. Et, le 13 août 1599, une fille de Vincent *Parron* (*sic*), verrier, et de ladite Léonie Sarode, a pour parrain

François Ponté et pour marraines *Marie Sarode* et dame Françoyse Corade. Ce nom de *Parron*, qu'on ne rencontre qu'une seule fois dans les actes de la paroisse Saint-Laurent, n'est-il pas le résultat d'une mauvaise prononciation des parrain et marraines, tous Italiens? Le vrai nom italien pourrait être *Perrotto Vicentio*, dont on retrouve plusieurs fois la signature sur des actes de 1609 conservés dans les minutes Charpy, aux archives de la chambre des notaires.

Puis c'est *Marguerite Sarode*, fille de défunt le seigneur Vincent Sarode, marraine, le 25 janvier 1601, avec Augustin Conrade, et le 17 mai 1602 avec honnête fils Jean Ponté. Le 3 juin 1606, c'est *Catherine Sarode*, marraine d'un fils de Laurent Gambin, maître potier...; et le pénultième d'août 1611, un fils du maître émailleur Gervais Dupré a pour parrain honorable homme Pierre Dubois, tailleur de madame la Duchesse de Nevers, et pour marraine damoiselle *Julitte Sarode* qui signe : *Gulia Saroda*.

Enfin, et pour terminer cette longue énumération, il faut au moins rappeler les noms de Vincent Ponté, beau-frère du seigneur Jacques, et d'*Horace Ponté*, son neveu et associé, qui bientôt sera son successeur en qualité de maître de la verrerie de Nevers. Lui aussi, d'ailleurs, se montre entouré, on a pu le remarquer déjà, de plusieurs personnes de son nom. Dès 1599, François Ponté, dont un fils, du même nom de François (*Francisco Ponta*), marié à Jehanne Roy, aura lui-même un fils aussi nommé François, baptisé à Saint-Laurent le 1er septembre 1651; Catherine Ponté, sa sœur; Antoinette Ponté, en 1600; honnête fils Jean Ponté, en 1602, etc. (1).

(1) Quelques autres noms de verriers compatriotes de Jacques Sarode et venus avec lui se rencontrent encore dans les actes de la paroisse Saint-Laurent : Le 6 avril 1588 est baptisé le fils de « Zaquarie, le verrié »; il a pour parrain Etienne Brisson et un verrier nommé Joseph; — le 6 septembre 1591 est parrain « ung garson de la verrerie nommé Anthoyne »; — le 25 janvier 1604, *César Marassan*, « verrier en cette ville », est parrain, avec honnêtes

Mais revenons à notre *Jacobo Sarodo* qui tout-à-coup nous est apparu plein d'honneur, puis, après quelques années, subitement, disparaît, et dont le nom même semble oublié de ses successeurs (1).

D'où venait-il ? où s'en est-il allé en quittant nos murs ? Double question des plus intéressantes assurément, et dont la solution se trouve en grande partie dans le trésor de nos archives communales. Ouvrons en effet les registres des délibérations de l'hôtel commun, ces énormes in-folio si heureusement conservés, et qui recèlent tant de documents précieux pour notre histoire.

A la séance du 3 juillet 1594, le seigneur Jacques Sarode se présente devant les échevins en qualité de « gentilhomme verrier et maître des verreries établies en villes de Lyon et de Nevers », et leur demande d'enregistrer deux lettres-patentes de Henri III, roi de France et de Pologne, concédées la première à Lyon, au mois d'octobre 1574, la seconde à Paris, le 23 septembre 1585, afin, dit-il, qu'il puisse jouir des priviléges à lui accordés et à ceux de son art et science de verrerie (2).

Nous avons lu avec une curiosité avide, on le comprend, les longues pages où se trouvent transcrites ces lettres et leurs *vidimus* renouvelés en divers lieux ; et si notre espoir a

femmes Jeanne More et Jeanne Gambin, d'une fille d'Etienne Massey et d'Anne Morin ; — puis, le 27 juin 1607, c'est *Paulo Mirengo*, « Itallien », qui se retrouve, en la même qualité, sur un autre acte du 17 janvier 1608 ; son nom est francisé : *Paul Myraague*, « verrier ».

M. H. Schuermans, dans sa quatrième lettre sur les verres fabriqués aux Pays-Bas, à la « façon de Venise », et « d'Altare » mentionne aussi, parmi les Altaristes fixés à Liége Antoine Mirengo, qui devait y être établi avant 1648 et que l'on retrouve encore comme parrain en 1668.

(1) Voir dans le chapitre suivant l'acte si important de 1619, où se trouve résumée l'origine de la verrerie nivernaise, sans aucune mention de Jacques Sarode.

(2) Archives communales de Nevers, série BB. 20. Registre des délibérations, folios 319 à 324.

été quelque peu déçu au point de vue de la chronique purement nivernaise, il n'en est pas de même pour l'histoire générale des verriers, dont nous pouvons ainsi reconstituer une page des plus intéressantes.

Les lettres de 1574 s'adressent en effet à.tous les gentilshommes de l'art et science de verrerie résidant en ce royaume de France et dans tous les pays, terres et seigneuries soumis à l'obéissance royale. Comme de tout temps et ancienneté, y est-il dit, les verriers et leurs serviteurs, et aussi les marchands vendant en gros et en détail, menant et conduisant les marchandises dont est composé le verre, sont affranchis de toutes tailles, aides, subsides, impôts. coutumes, etc., 'e roi les confirme dans ces priviléges, franchises, immunités et exemptions, et veut qu'ils en jouissent dorénavant pleinement, paisiblement et perpétuellement. En conséquence, le 28 janvier 1576, Marquin Buisson et Christophe Marien, gentilshommes verriers « résidants domicilliers en ce royaulme de France » font enregistrer ces lettres de confirmation par les sénéchal et gens tenant le siége présidial établi à Lyon.

Le 16 juin 1582, Jacques *Sarodo*, maître verrier, exhibe une copie desdites lettres, collationnée par les gens de la cour et sénéchaussée de Lyon. Le 23 septembre même année, Girard Duboys, notaire au châtelet d'Orléans, fait un *vidimus* de cette copie collationnée, à la requête de Claude Garnier, marchand de verre, demeurant à Orléans, paroisse Saint-Paul. Le 7 avril 1584, Claude Gobillot, notaire au duché de Nivernois, fait un nouveau *vidimus* à la requête de Giles Noury, marchand de verres, demeurant à Dompierre-sur-Nièvre.

On voit avec quel soin les priviléges royaux étaient enregistrés ou produits dans les villes, partout où s'établissaient les artistes et marchands verriers. Cependant, parce que, est-il dit dans les lettres de 1585, les gentilshommes demeurant en divers lieux du royaume, parfois grandement éloignés les uns des autres, ne peuvent, quand ils en sont requis, représenter en toute occasion les originaux de leurs priviléges, à cause qu'ils demeurent le plus souvent aux mains de ceux qui ont charge de leurs affaires, chose qui leur apporte plusieurs incommodités ; pour ces raisons, vu l'humble supplication de « notre ami et féal Robert Bonguar, sieur de Varennes et Courtoys, en nostre pays de Nivernoys », Sa Majesté mande et ordonne très-expressément à tous ses baillis, sénéchaux, leurs lieutenants et autres. laisser jouir ledit exposant et ses serviteurs travaillant de la verrerie de tous les priviléges, franchises, libertés à eux octroyés...

Le 25 janvier 1591, « noble homme Jacques Sarodo, gentilhomme verrier », fait faire, par les notaires royaux au bailliage de Saint-Pierre-le-Moûtier, collation de ces lettres, dont il présente les originaux retirés des mains de noble Robert de Bongars, gentilhomme verrier (1).

De tous ces actes il résulte qu'au moins en 1582 Jacques Sarode était établi à Lyon, et qu'alors même qu'il habite

(1) Dès 1543, un fragment de compte de dépenses de la maison de Henri, dauphin de Viennois, comte de Valentinois, duc de Bretagne, plus tard Henri II (au camp de Châtillon, 27 juillet), renferme cet article, où nous croyons découvrir le nom de Bongars : « A Florent Bongart, verrier, la somme de 9 livres tournois, pour son payement d'un petit *ménage de verre* qu'il a vendu et livré audit seigneur pour mademoiselle Diane, sa fille naturelle, etc. (Extrait de l'*Inventaire sommaire des archives de Seine-et-Marne*, série E., titres de famille, E. 57.) Les *Bongars* possédaient déjà des verreries en Normandie avant le quinzième siècle. En 1637, Nicolas de Bongars, écuyer, sieur de Grandval et du Landel, obtient du roi la confirmation des priviléges précédemment concédés à David de Bongars, aussi écuyer, son père, lequel avait fait construire un four à faire verre pour y exercer son art de verrerye de grands verres à faire viltres, verre de fougère et aultres ouvraiges. (*Les Verreries de la Normandie...*, par Le Vaillant de La Fieffe. Rouen, 1873.) Il est probable qu'ils en avaient également en Nivernais dès le seizième siècle. — Robert de Bongars est qualifié d'écuyer, sieur de Courtois et autres lieux, en la paroisse de Nolay. (Archives du département, série E. 256.) — Voir plus loin le chapitre V, consacré aux différentes verreries de gros et petit verre établies en Nivernais.

Nevers, il conserve toujours son titre de maître des verreries de Lyon.

On rencontre fréquemment, dans les actes notariés de cette époque, la trace des relations nombreuses entre les deux cités, pour les échanges d'approvisionnements ; la ville de Roanne est le point intermédiaire. Et pour n'en citer que quelques exemples :

Le sixième jour d'avril 1594, Benoît Barillier et Mathieu Desaurant, « voicturiers par eaue », demeurant en la ville de Roanne, promettent à honorable homme Jacques Sarode, maître de la verrerie de Nevers, de « voicturer et amener sur la rivière de Loyre par bateaulx, *toute la marchandise de soulde* qui arrivera en ladite ville de Roannes », appartenant audit Sarode, depuis cette ville jusqu'à Nevers, et ce, pendant le temps et espace d'un an, commençant cejourd'hui, moyennant quoi ledit Sarode a promis payer auxdits Barillier et Desaurant, la somme de douze sols tournois pour chacune balle de ladite soulde, aussitôt après la livraison. Seront aussi tenus lesdits Barillier et Desaurant, « incontinent qu'ils sauront qu'il sera arrivé de ladite soulde audit Roannes, de la voicturer et amener incontinent, et sans séjour, à peyne de tous despens, dommaiges et intérestz (1) ».

Par un autre marché conclu le 1er juin 1594, Jean Millet et Claude Picquard, aussi voituriers par eau, demeurant à Nevers, s'engagent envers Jacques Sarode à conduire, depuis le port de Tarault (2) jusqu'en la ville de Roanne, la quantité

(1) Archives de la chambre des notaires de Nevers, minutes Brisson. (Communication de M. de Laugardière.)

(2) Le Port-Tarraud est un hameau de la commune de Saint-Hilaire-Fontaine, dans le canton de Fours, en Nivernais. La très-belle argile blanche connue déjà des faïenciers de Roanne au seizième siècle, sous le nom de *terre du Port-Tarraud*, servait aux verriers de Fours à faire leurs creusets. Elle est encore exploitée de nos jours, notamment à Toury-sur-Abron, où a été établie en 1852 par M. Brac de La Perrière une importante fabrique de produits réfractaires de tout genre : briques, pipes, pièces moulées, etc.

de « trois poinssons de *terre blanche* propre à faire vessailles et potherye blanche », qu'ils recevront de Jehan Boucquyn, demeurant audit Port-Tarrault, où ils devront séjourner un jour entier, et attendre qu'elle soit tirée, puis la livreront à Anthoine Vallence, marchand, demeurant audit Roanne, moyennant la somme de 9 écus soleil pour ladite terre ; puis, arrivés à Roanne, ils seront tenus aller *jusques en la ville de Lyon, en la verrerie dudit lieu, et, s'il y a de la soulde en icelle, la conduire à Nevers par eaul,* depuis Roanne jusqu'à Nevers, sur le port, moyennant la somme de 15 sols tournois pour chacune balle de ladite soulde, somme que ledit Sarode a promis leur payer à la livraison (1).

C'est qu'en effet, la terre blanche nécessaire pour les fours et pots ou creusets de verrerie était abondante en Nivernais et de qualité tellement supérieure que plus tard nous la verrons transporter non plus seulement à Lyon, mais jusqu'en Italie. Quant à la soude, un des principaux éléments du verre, nous apprenons par un curieux marché passé le 5 septembre de cette même année 1594, entre François Maistre, maître charpentier, demeurant à Sainte-Valière-lez-Nevers, et Pierre Gondière dit Callot, meunier en la paroisse de « Collanges-lez-Nevers », que ledit Maistre s'engageait à faire les réparations et toutes choses nécessaires pour *battre soulde à faire verres* en un moulin assis sur la rivière de Nièvre, au lieu appelé *Pofillat*, et rendre le tout fait dedans la fête de saint Martin d'hiver prochain (2).

On ne peut plus douter, d'après tous les documents qui viennent d'être cités, que le premier initiateur des verreries nivernaises ne soit venu de Lyon, cette grande capitale de l'industrie française.

Mais, rapprochement bien curieux et qui mérite d'être signalé ! c'est de Lyon aussi que nous arrivent, dans le même temps, nos premiers maîtres potiers, les Gambin,

(1) Mêmes minutes Brisson.
(2) Archives des notaires, minutes Taillandier.

avec lesquels les Sarode sont si étroitement unis dès l'origine.

On se souvient d'une curieuse brochure publiée, en 1862, par M. le comte de La Ferrière-Percy, sous ce titre : *Une Fabrique de faïence à Lyon sous le règne de Henri II* (lisez *Henri III*) (1). L'auteur signale un Julyen Gambin, natif de Fayence, en Italie, qui, avec un certain Domenge (Dominique) Tardessir, adressent requête au roi et lui remontrent qu'ils ont « la cognoissance et expérience de faire la vaisselle de terre, façon de Venise », et demandent *à dresser train et métier de ladicte vaisselle* dans la ville de Lyon.

A ce sujet, M. du Broc de Segange, ayant rencontré une fois, comme par hasard, dans un registre de la paroisse Saint-Jean, un acte baptistaire du 28 avril 1592, où le nom de Scipion Gambin, « pothier », apparaît en qualité de parrain, se demandait déjà si le Scipion de Nevers n'aurait pas quelque lien de parenté avec ce Julien Gambin de Lyon.

Or, l'hésitation ne nous semble plus permise quand, aux archives de la chambre des notaires de Nevers, on rencontre, dès 1590, un acte de résiliation d'un contrat d'association passé deux ans auparavant entre Julio Gambin et Augustin Corade (2) ; quand, d'autre part, sur les registres de la paroisse Saint-Laurent, on peut lire, non pas une fois seulement, mais cent fois, les noms de Scipion Gambin et de sa femme Jeanne More, de Laurent Gambin et de sa femme Marguerite Massé, et enfin de Jules Gambin (probablement le *Julien* de M. de La Ferrière), *maître pottier*, qui perpétuera ce prénom de Jules en l'imposant, le 1er septembre 1602, à un enfant dont il est à la fois et le grand-père et le

(1) Documents relatifs aux anciennes faïenceries lyonnaises, dans la *Revue du Lyonnais*, recueil historique et littéraire, tome XXXI octobre 1865.

(2) Acte découvert par M. de Laugardière. (*Bulletin* de la Société nivernaise, 2e série, tome II, p. 357.)

parrain (1) et qui, en 1612, préside avec plusieurs autres
« pothiers » à l'inventaire des biens délaissés par honorable
homme Augustin Conrade, « maistre pothier en euvre blanche
et autres couleurs, en forme de fayance (2). »

Et maintenant, où notre *Jacobo Sarodo* s'est-il retiré en
quittant Nevers? Une première réponse nous est fournie
bien à propos et d'une façon très-imprévue par un des membres émirents du Comité des travaux historiques et des
sociétés savantes. M. L. Doüet d'Arcq, rendant compte d'un
mémoire publié dans la Société archéologique du dépar
tement d'Ille-et-Vilaine, sous ce titre : *De la Verrerie et des
Vitraux peints dans l'ancienne province de Bretagne*, cite
ces paroles de l'auteur, M. Auguste André, directeur honoraire du musée archéologique de Rennes : « Tout le pays
nantais était plein des établissements industriels de ces gentilshommes verriers d'au-delà des monts. Leurs fourneaux
s'allumaient et y chauffaient partout... » Il ajoute ensuite (3) :
« Au seizième siècle, il est souvent fait mention de ces
gentilshommes verriers. Nous citerons, entre plusieurs
autres, des lettres données à Châteaubriant, le 13 juin 1551,
qui permettent à *Theseo Mutio*, gentilhomme italien, natif
de Bologne, de pouvoir faire en France toutes espéces de
verreries à la façon de Venise. D'autres, datées de Paris,
12 juillet 1566, qui sont une confirmation d'exemption
d'impôts pour les gentilshommes verriers du royaume. Au

(1) « Le premier jour de septembre 1602 a esté baptizé le filz de
honorable homme Laurens Gambin et de honeste femme Margueritte
Massey (alias Macel, Massé). Ses parrins et marrène, honorable
homme Julles Gambin, grand-père dudit enfant, honeste fils Jehan
Ponté et honeste femme Marye More. Et a nom Julles. » (Archives
du greffe de Nevers.)

(2) Archives de Nevers, série GG. 16. — Nous avons publié pour la
première fois une analyse de ce très-curieux document dans les
Archives paroissiales de Nevers, paroisse Saint-Laurent. (*Almanach
de la Nièvre*, 1875, 2ᵉ partie.)

(3) *Revue des sociétés savantes*, 7ᵉ série, t. II, p. 87.

mois d'août 1597, Henri IV, se trouvant au camp devant Amiens, accorde à Jacques et Vincent Sarode, frères, et à Horace Ponté, leur neveu, un brevet pour l'établissement d'une verrerie de cristal à Melun. « Lesquels, portent les lettres, ayant cy-devant et depuis longtemps tenu les fourneaulx et verreries de cristal en noz villes de Lyon et Nevers, ont acquis une telle réputation en la perfection de leurs ouvraiges, que la plupart des verres dudit cristal, desquels l'on c'est servy en nostre court et suitte, et par tout nostre royaume, ont este apportez desdictes villes de Lyon et de Nevers, etc. Que lesdits Sarode et Ponté nous ont fait dire que s'il nous plaisoit de leur permettre de dresser une verrerie en nostre ville de Melun..., le verre deviendroit moins cher et pourroit mieux approvisionner la ville de Paris (1). »

(1) Archives nationales, registre des ordonnances X 1a 8643, folio 59, verso. — Nous sommes heureux de publier en note le texte entier de ces lettres-patentes, d'après une double copie qui nous a été adressée très-obligeamment par M. Lemaire, archiviste de la préfecture de Seine-et-Marne, à Melun, et par notre collègue M. René de Lespinasse. M. Gabriel Leroy, archiviste de la ville de Melun et correspondant du ministère, avait déjà fait connaître l'existence de ce curieux document dans la *Revue des sociétés savantes* en 1869, 4ᵉ série, t. IX, p. 572.

« Henry par la grace de Dieu roy de France et de Navarre, a tous presens et advenir, salut. Comme chacun scait assez quel bien proffict et utillité est provenu a tous les royaulmes et républiques par le moyen des arts et sciences, seul fondement de leurs richesses et embellissemens, et combien les hommes qui, par leur long estude, dilligence et expérience les ont inventez et introduictz, ont été recongneuz, honnorez et recompensez d'ung si louable labeur afin que tant par leur tesmoignage que par la prospérité de leurs mérites les autres fussent poussés d'ung mesme désir à rechercher, à leur exemple, non seulement la perfection des premières inventions, mais encore à trouver avec plus haulte contemplation pius haultes et belles choses non congneues à l'antiquité, pour s'acquerrir par là une honnorable louange ainsy qu'ont faict noz chers et bien amez Jacques et Vincent Sarrode frères et Horace Ponté leur nepveu gentilzhommes en l'art et science de verrerie lesquels ayant cy-devant et depuis long temps tenu les fourneaulx de verrerie de cristal en noz villes de Lyon et Nevers ont acquis

A quelques jours de là, le 5 septembre 1597, les échevins de Nevers délivraient à maître Pierre Gouneaul, leur receveur des deniers communs, un mandat de payement, sur les deniers de sa recette, « au seigneur *Jaques Sarodo* et Orace Ponte, maistres de la verrière de ceste ville de Nevers »,

telle réputation en la perfection de leurs ouvraiges que la pluspart des verres dudit cristal desquels l'on c'est servy en nostre court et suitte par tout nostre royaulme ont esté apportez des villes de Lyon et Nevers, mais d'aultant qu'en les allant quérir si loing la despence qui se faict à les apporter les rend beaucoup plus chers, sur ce que lesdits Sarrode et Ponté nous ont faict dire que s'il nous plaisoit leur permectre de dresser une verrerie en nostre ville de Melun ils y déployeroient vollontiers le plus beau et exquis de leur art et science et y feroient des ouvraiges par le moyen desquels nostre ville de Paris capitalle de nostre royaulme seroit grandement acommodée et y seroient lesdits verres a meilleur marché qu'ils ne sont pour le peu de distance qu'il y a de l'ung à l'autre et la commodité de les transporter par la rivière, scavoir faisons que nous mettons en considération la grande expérience desdits de Sarrode et Ponté audict art et science de verrerie et le fruict et utillité qui en reviendra en nostre dite ville de Paris et au public, nous leur avons de nostre grace spécialle, plaine puissance et autorité royalle, permis octroyé et acordé, permectons octroyons et acordons, par privillége particulier, par ces présentes qu'ils puissent tenir en nostredite ville de Melun une verrerie de cristal et y faire construire ung fourneau a y faire par eulx et leurs ouvriers dudit art des verres de cristal et telles autres choses qu'ils adviseront deppendantes dudict art pour le service et usaige tant de nostre court et suitte que des habitans de nostre dite ville de Paris et de tous autres qui en vouldront achapter, pour par lesdits Sarrode et Ponté tenir en nostre dite ville de Melun ladicte verrerie aux mesmes droicts et honneurs, privilléges, franchises, immunitez, libertez et exemptions tant pour eulx que pour leurs serviteurs et marchands, vendeurs en gros et destail mannans et conduisans ladite marchandise de verrerie et matière dont est composé le verre, par eau et par terre, en la mesme sorte et manière qu'ils ont bien et deuement joy et usé par le passé et sans fraulde en nosdites villes de Lyon et Nevers, jouissent et usent encores a present suivant la confirmation de leurs priviléges que nous et noz prédécesseurs roys, leur en avons successivement accordé, la coppie desquelz priviléges vérifiiez en nostre court de Parlement, Chambre de noz comptes et Court des aydes à Paris, est cy attachée soubz le contrescel de nostre chancellerie sans

d'une somme de 12 écus soleil pour huit douzaines de verres de cristal envoyées à Paris, « pour faire des présents, à la sollicitation d'un procès qu'a la ville... La quittance, datée du dernier jour de décembre, n'est signée que d'Horace Ponté.

Deux ans plus tard, un autre mandat, daté du 23 mai 1599, est délivré, « au seigneur Vincent *Sarrodo*, ung des maistres de la verrière de ceste ville », pour une somme de 49 écus 3o sols, à raison de « trente-trois douzaines de verres de cristal raffiné qui ont esté présentez et envoyez en la ville de Paris, scavoir : à monsieur de La Grange Courtin, douze douzaines; à monsieur de Laulnay, six douzaines; à monsieur Vivian, six douzaines ; à monsieur Verne, trésorier à Molins, six douzaines ; à monsieur Jolly, trois douzaines. » Le reçu, daté du 16 juillet 1599, est signé de *Marcoroli Sarodo*.

Durant ces trois dernières années, le seigneur Jacques ne fait à Nevers que de rares apparitions; peut-être organise-t-il sa troisième verrerie à Melun. Il ne paraît pas cependant y avoir fait un bien long séjour en cette ville (1); et c'est à

qu'il soit besoing les speciffier ny desclarer par cesdites présentes, par lesquelles afin que lesdits Sarrode et Ponté puissent mieux recueillir le fruict du labeur qu'ils employeroient en ladicte verrerie nous avons dit et déclaré disons et declarons, voullons et nous plaist qu'en nostre dicte ville de Paris ny à trente lieues à la ronde d'icelle, il ne s'esta- blira à l'advenir autre verrerie de cristal que celle desdits Sarrode et Ponté, révoqué et révoquons par cesdictes présentes. N'entendons tou- teffois préjudicier aux verreries de *Feugère* et de *Pierre* qui se trou- veront establiez et s'establiront cy après es environs de nos dictes villes de Paris, Melun et ailleurs partout nostre royaume...

» Donné au camp devant Amyens au moys d'aoust l'an de grâce mil cinq cens quatre vingts dix sept et de nostre règne le neufiesme signé : Henry, et sur le reply, par le roy : de Neufville. »

(1) M. Lemaire, archiviste départemental de Seine-et-Marne, nous écrit que l'établissement de la verrerie à Melun a bien été autorisé, mais qu'on doute qu'il ait jamais été effectué. Peut-être le classement méthodique des archives judiciaires de la ville fournira-t-il quelques indications ! — Il y a bien eu une verrerie à Melun, puisqu'un des quais en emprunte le nom, mais elle n'était pas antérieure au dernier siècle.

Paris même que le vaillant artiste est allé s'établir. Un nouveau mandat délivré par les échevins, le 6 juillet 1603, nous apprend en effet que maître Laurent Thonnellier, receveur de l'hôtel commun, est invité à payer « au seigneur *Orace Ponté, maistre de la verrière de Nevers* », la somme de 93 écus 40 sols, revenant à la somme de 281 livres, savoir : 63 écus 40 sols, tant pour verres de cristal pris en la verrière de Paris, pour faire présent à plusieurs seigneurs du conseil, que pour autres verres aussi de cristal, pris en la verrerie de Nevers, pour porter à Moulins et faire présent à messieurs les Trésoriers généraux, — et 20 écus qui ont été prêtés à monsieur l'élu Destrappes, échevin, étant à Paris pour les affaires de cette ville, par le seigneur Jacques *Sarodo*, maître de la verrerie dudit Paris.

En vérité, ce *Jacobo Sarodo* n'était pas seulement un grand industriel, comme on dirait de nos jours, ce devait être un véritable artiste dans le sens large et noble de ce mot.

Et voici qu'en effet notre érudit collègue M. de Laugardière nous signale un *Poème sur l'art de la verrerie, et la comparaison de l'homme à un verre*, par Jacques Sarode, en 1594, petit in-4° manuscrit sur papier, avec corrections et ratures, indiqué dans le catalogue des livres, imprimés et manuscrits de la bibliothèque de feu M. d'Aguesseau, doyen du conseil (1).

Ce manuscrit, *avec corrections et ratures*, était sans doute l'autographe de l'auteur ; il était en français, car il figure au paragraphe des *Poètes françois*, après les œuvres de Ronsard et de des Portes ; les poètes italiens ont leur paragraphe à part.

C'est là malheureusement tout ce que nous pouvons dire de l'ouvrage de Jacques Sarode. Peut-être, quelque jour, nous sera-t-il donné d'y revenir, si tant est que ce manuscrit existe encore et qu'une bonne fortune nous le fasse retrouver !

(1) Paris, Gogué et Née de La Rochelle, libraires, 1785, in-8° ; page 208, n° 3178.

Mais, du moins, en terminant ce premier chapitre consacré à la mémoire du *seigneur Jacques,* comme on l'appelait à Nevers il y a trois siècles, sommes-nous heureux d'indiquer d'une manière précise quel était en Italie son lieu d'origine.

Nous trouvons à ce sujet tous les renseignements désirables dans le *Dictionnaire historique, biographique et généalogique des familles de l'ancien Poitou,* par Henri Filleau (1).

Les Sarode, d'ailleurs, se rencontrent jusqu'à la fin du siècle dernier, non-seulement dans les différentes verreries du Nivernais (2), mais dans la plupart des verreries de France, et spécialement en Poitou, où cette famille est encore aujourd'hui noblement représentée.

Pendant plus de deux cents ans on les voit aux verreries de la Fosse-de-Nantes et de Vendrennes en Bas-Poitou, où ils avaient remplacé une famille du nom de *Babin,* qui elle-même avait succédé à Jean *Ferro* ou *Ferré,* gentilhomme verrier, autorisé, en 1588, à établir une fabrique de faïences blanches dans cette ville (3).

Ils eurent donc plus d'une fois, pour jouir des priviléges de la noblesse, que toujours le fisc essayait de leur contester,

(1) Publié par son petit-fils H. Beauchet-Filleau et Ch. de Chergé. Tome II. Poitiers, Dupré, 1840-1854, pages 670-672. (Communication de M. Ch.-R. de Laugardière.)

(2) Dans ses *Notes pour servir à l'histoire de la commune de Montaron (Nièvre),* M. Victor Gueneau a l'occasion de citer : *Jean-Claude de Sarraudes,* écuyer, qui avait épousé, le 21 avril 1673, Claude de Balorre, fille de feu Louis de Balorre et de damoiselle Jeanne de Chargère ; — *Jean de Sarraudes,* seigneur de Mussy, issu de ce mariage, indiqué en 1697 comme époux de Jeanne-Françoise Bergeron ; — un M. de Sarraudes, écuyer, seigneur de Mussy, fut inhumé le 4 janvier 1717 dans l'église de Montaron. (Voir plus loin le chapitre VI.)

(3) Bientôt nous retrouverons, sous les Castellan, noble Jean *Babin,* gentilhomme verrier, se mariant à Nevers avec une Jeanne Castellan, en 1678, et il se peut bien aussi que Gaspard *Fer,* cité dès le début du chapitre suivant dans le contrat d'association de 1614, appartienne à cette même famille des *Ferro, Ferré, Ferry* ou *de Ferre.*

occasion de rappeler leur origine et de montrer leurs certificats de gentilshommes verriers. C'est une de ces pièces dont nous allons donner l'analyse (1) : « Au nom du Seigneur, ainsi soit-il. L'an de la naissance du même Seigneur, 14 du mois de février 1645, en la ville d'Altare, état de Montferrat, diocèse de Noli, par-devant le notaire Jean-François Massard, sont comparus en personne, devant le juge commis par Sérénissime Charles II, duc de Mantoue et de Montferrat (2), nobles personnes Thomas-Pierre-Vincent de Coste, Jacques-Philippe de Coste, Barthélemy Ponté, Joannin de Raquet, Baptiste Coste, consuls en ladite ville d'Altare, pour l'art de la verrerie ; cette autorité leur ayant été concédée par Illustrissime et Excellentissime seigneur Guillaume, marquis de Montferrat, dès l'an 1495, le cinquième jour du mois de février, et ensuite confirmée par Sérénissime seigneur Guillaume de Gonzague, duc de Mantoue et de Montferrat, l'an 1552.

» Lesquels, sur la requête du seigneur Etienne Sarode, ont attesté que Vincent de Sarode était décédé, suivant le cours de nature, déjà depuis longtemps, étant né dans ladite ville d'Altare, de la noble race des Sarode, duquel, par légitime mariage contracté en cette ville, était né à Altare Antoine-Abraham de Sarode. père légitime du susdit Etienne, présentement vivant, et que pour plus grand témoignage de vérité Etienne-Jérôme de Coste et Françoise Massard ont été ses parrain et marraine ; qu'il est enfin vrai que lesdits Sarode sont nobles vivant noblement, sont crus et regardés comme nobles, tant dans la ville d'Altare que dans tout l'état de Montferrat et dans les lieux circonvoisins, et que le nom dudit Etienne est inséré au Catalogue des nobles, ce

---

(1) Une copie s'en trouve également dans l'ouvrage de M. Benjamin Fillon : *L'Art de terre chez les Poitevins,* suivi d'une *Étude sur la fabrication du verre en Poitou.* — Niort, L. Clouzeau, libraire-éditeur, 1864.

(2) Ce n'est que plus tard qu'il ajouta les titres de duc de Nivernois et de Rethelois. (Voir plus loin, deuxième époque, chapitre Ier.)

que les susnommés attestent non par ouï-dire, mais comme l'ayant vu et appris de leurs ancêtres qui devaient l'avoir également appris de leurs pères.

» Et enfin, ce qui est une autre preuve de la noblesse desdits Sarode, c'est qu'ils jouissent du privilége d'exercer l'art de la verrerie, auquel ne sont pas admis ceux qui ne sont pas nobles (1). »

(1) Nous verrons plus tard Jean Castellan produire un document tout à fait identique, par-devant le commissaire chargé de la vérification des titres de noblesse et de la poursuite des usurpateurs dans les généralités de Moulins et de Bourges. Il est dit, en effet, dans l'attestation de noblesse à lui délivrée, le 6 juin 1662, par les consuls d'Altare Jacques-Philippe Saroldi, Charles Bormioli, Antoine Rachetti, Jean Rachetti, Alexandre Ponta et Antoine Mireingo, que les Castellan, de père en fils, ont, de temps immémorial, exercé la profession de verriers, « ce qui est une preuve de noblesse; car les plébéiens qui ne sont pas de race noble ne sont pas admis à Altare à exercer l'art du verre, ce qui est vrai et a toujours été reconnu publiquement. »

Telle était, d'ailleurs, la déclaration formelle des consuls d'Altare, juridiction instituée par les ducs de Mantoue, qui furent pendant longtemps marquis de Montferrat :

« *Plebei qui non sunt de nobili prosapia, ad artem vitream exercendam non admittuntur et ita vero se rem habere hoc que palam et publice pro comperto haberi...* »

Il n'en était pas de même en France, où les gentilshommes verriers formaient une classe particulière entre les autres nobles qui affectaient de les dédaigner, témoin cette épigramme tant de fois citée de Maynard contre le poète Saint-Amand, dont les ancêtres étaient verriers :

« Votre noblesse est mince,
» Car ce n'est pas d'un prince,
» Daphnis, que vous sortez.
» Gentilhomme de verre,
» Si vous tombez à terre,
» Adieu vos qualités. »

C'est ce qui a très-ingénieusement induit M. H. Schuermans, dans la troisième de ses lettres si instructives sur les verres « à la façon

C'est donc du duché de Montferrat, dont les ducs de Nevers étaient aussi seigneurs, qu'était originaire notre Jacques Sarode, ainsi que son frère, Vincent Sarode, tous les deux venus à Nevers à l'appel de l'illustre prince Louis de Gonzague.

A titre de curiosité historique, et comme document pouvant éveiller l'attention sur les origines, communes peut-être, des verreries et des faïences, citons en dernier lieu une requête d'Henri-Philippe de Sarode, sieur de la Bignonnière, datée de Vendrennes (bourg de l'arrondissement de Napoléon-Vendée), le 14 mai 1772, par laquelle il sollicite la faveur d'être autorisé, avec Marc Lozelet, dudit Vendrennes, à fabriquer de la porcelaine en la verrerie de cette paroisse. Tous deux se recommandent de l'ancienneté de leur famille en l'état de verrier et de la pratique qu'ils ont de ce nouvel art, ledit sieur Lozelet l'ayant exercé plusieurs années à Paris et autres endroits, et le sieur Sarode prétendant en avoir été instruit par Virgile Sarode, son aïeul, maître de verrerie expert à la fabrication de la porcelaine (1).

Coïncidence assez singulière, les bâtiments de la verrerie à bouteilles établie à Nevers en 1780 sur le quai de Loire sont maintenant occupés par une fabrique de porcelaine !

de Venise » fabriqués aux Pays-Bas, à distinguer trois sortes de noblesse verrière :

En France et aux Pays-Bas, les nobles, *quoique* verriers ;
A Venise, les nobles, *parce que* verriers ;
A Altare, les verriers, *parce que* nobles.

(1) *L'Art de terre chez les Poitevins*, p. 163.

I — Jacobo Sarodo

II — Scencio Sarodo

III — 1599 marcoroli Sarodo

IV — Lorace Ponte

V — susanne Albane

I, II et III : Signatures de JACQUES et VINCENT SARODE Frères et de MARCOROLI
SARODE avec la date par lui écrite en 1599.
IV et V : Signatures d'HORACE PONTE, Neveu de JACQUES SARODE
et de SUZANNE D'ALBANÉ, son épouse.

CHAPITRE II.

PREMIÈRE ÉPOQUE.. *(Suite.)*

HORACE PONTÉ, *deuxième maître de la verrerie de Nevers.*

(1600 – 1645.)

Communauté existant entre les gentilshommes verriers ; — contrat d'association de trois d'entre eux pour la création d'une nouvelle verrerie ; — les manquements aux réglements sont punis selon les ordonnances des consuls de l'art de la verrerie d'Altare ; — humeur aventurière des verriers ; — intervention de Charles de Gonzague (août 1619) auprès du roi, en faveur d'Horace Ponté, contre Bernard Dubuisson, se disant syndic des gentilshommes verriers français ; — grande prospérité de la verrerie de Nevers sous Horace Ponté ; — nombreux marchés pour achat de bois de moule, de terre blanche, de cailloux blancs, de soude ; — mémoire des ouvrages de verre fournis aux échevins pour être offerts à la reine, en 1622, lors de son passage à Nevers ; — énumération des principaux produits artistiques des verriers altaristes; — Horace Ponté joint à son commerce de menu verre ou gobeléterie le trafic du gros verre dont une manufacture importante existe dans le Morvand, à Bois-Giset ; — mort d'Horace Ponté et fin de la première époque de la verrerie nivernaise.

Le seigneur Horace Ponté, depuis le départ de son oncle, devient en effet « maître de la verrerie de Nevers » ; mais il est à remarquer que, pendant les premières années, les autres gentilshommes verriers demeurés avec lui pour partager sa fortune prennent tous indistinctement, dans leurs actes privés, la qualification de « l'un des maîtres de la verrerie ». Se présente-t-il à conclure quelque traité interessant la fabrication ou la marche des affaires de la communauté, tous les verriers sont témoins et apposent leur signature !

IV

Le 3 mars 1604, Pierre Gondier, demeurant à Coulanges, et Benoist Joyn, « hoste », demeurant à Sainte-Valière-lez-Nevers, s'engagent à livrer au seigneur Horace Ponté et à Vincent Sarode, *maîtres de la verrerie* de cette ville, la quantité de six-vingts milliers de bois de moule, bois de *chesgne* et autres, moyennant le prix de 7 livres pour chacun millier. Étaient présents à cette convention et ont signé : Horace Ponté, — Antoyne Sarode, — François Vallentin, — *Vicentio Sarodo*, tous verriers (1).

A la date du 22 septembre 1609, trois reconnaissances, rédigées en termes identiques, portent que noble homme Horace Ponté s'est obligé, le 18 du présent mois, envers Girard Imbert, marchand flamand, demeurant en la ville de *Dord*, en Hollande (2), pour la somme de 1,500 livres, faisant partie de 3,150 livres portées sur une obligation du dernier août 1607 et délivrée en ce jour à Antoine Sarodo, laquelle obligation ledit Horace Ponté a promis rembourser.

Ces reconnaissances sont toutes trois signées de *Antonio Sarodo*, — *Manfrin Sarodo* et *Horace Ponté*, — *Francisco Ponte*, — *Vicencio Perrotto*, — *Hieromi Sarodo* (3).

Nous avons prononcé le nom de *communauté*, à propos de cette union de nos gentilshommes verriers ; quel pouvait bien être le réglement intérieur qui la régissait ? C'est une difficile question que nous nous serions bien gardé de soulever, si nous n'en avions trouvé, ce nous semble, la solution la plus claire dans un contrat d'association précisément conclu, à cette époque, le 21 juin 1614, entre nobles Valentin Sarode, Annet Marin et Gaspart Fer, trois gentilshommes verriers qui, semblables à un essaim d'abeilles, ont pris un jour la résolution de quitter la ruche pour s'en aller,

(1) Archives des notaires de Nevers, minutes Charpy.
(2) Sans doute *Dordrecht* ou *Dord*, ville située dans une île, où la Merwe se jette dans la Meuse.
(3) Minutes du même notaire Charpy.

— en quel lieu, ils ne le savent, — fonder une verrerie nouvelle.

Cet acte est trop important pour qu'il puisse suffire de l'analyser, en voici la copie (1) :

« Par devant le notaire au duché de Nevers et tesmoings cy après nomméz, ont esté présens en leurs personnes nobles hommes Vallantin Sarraude, Annet Marin et Gaspart Fer, tous gentilshommes verriers du pays d'Italye, demeurant à présent à Nevers, lesquels ont fait les pactions, accordz et associations qui s'ensuyvent, assavoir qu'ils ont promis et se sont obligés l'ung envers l'aultre de tenir et dresser une verrière au lieu où ils adviseront entre eux. Et pour ce faire, promettent de contribuer, chacun pour un tiers, à tout ce qu'il conviendra à icelle dresser. Et afin de pouvoir trouver leurs commoditéz, ont lesdits Sarraulde et Fer donné et donnent pouvoir audit Marin de pouvoir aller aux champs, au lieu qu'ils adviseront entre eux, pour voir s'il pourra trouver *un lieu propre à dresser verrerye* ; faire et négotier tout ce qu'il trouvera être nécessaire, que lesdits Sarraude et Fer promettent advouer et agréer, comme si par eux avait été fait, et ce pendant et durant le temps et espace d'ung an à compter de cejourd'huy; et ayant trouvé lieu commode pendant ledit temps, il sera tenu en donner advis auxdits Sarraude et Fer, afin d'eus transporter au lieu qu'il aura trouvé, ce qu'ils promettent et s'obligent faire à peine de tous despens, dommaiges et intérestz. Et au cas que ledit Marin ne trouve lieu propre pour faire ladite verrière dans ledit an, le présent contract et association demeurera nul et résolu. Et ce faisant, lesdits Sarraude et Fer ont promis et se sont obligés de payer et rembourcer audit Marin les frais qu'il fera utillement auxdites recherches, chacun pour un tiers. — Comme aussi ont iceulx Sarraude, Fer et Marin, promis

---

(1) Minutes du notaire Caradin (acte découvert par M. Bouveault, architecte à Nevers, membre de la Société nivernaise).

de fournir et advancer ce qu'il conviendra tant pour le payement des *erres* que ledit Marin pourra promettre, que ce qu'il conviendra pour faire ladite verrerye. — Comme aussi pour le payement des ouvriers qui seront demeurans pour faire valloir ladite verrerye, se payeront par tiers; et quant au prouffict qu'ils feront durant le temps de ladite association, lesdites parties ont promis de le partaiger en fin desdites six années. — *Et prendront les deniers communs pour achepter ce qui sera nécessaire pour la fourniture tant de leur nourriture que pour autres leurs nécessités. Et pour leur entretien d'habits et autres nécessités particulières, chacun des dessusdits prendra de l'argent commun, la somme de 150 livres.* — Il est accordé qu'en cas que l'un desdits Sarraude, Marin, ou Fer, cesse de travailler, soit pour absence ou maladie, plus de quinze jours, en ce cas les deux qui travailleront prendront des deniers commungs, plus que celluy qui deffauldra, la somme de quatre doubles pistolletz qui est pour chascung de ceulx qui travailleront, deux doubles pistolletz. Comme aussy est accordé que pendant le temps de ladite association, ils ne pourront faire aulcungs marchéz concernant le faict de leurs marchandises, l'ung sans l'aultre. Et en cas que l'ung des dessusditz se voullust despartir de la présente association, il sera tenu de payer aux aultres qui la vouldront entretenir la somme de 150 livres à chacun d'eulx. Et si deulx se voulloient despartir, ils seront tenuz de donner à celluy qui la vouldra entretenir ladite somme de 150 livres. — Et à l'entretenement et accomplissement des dessusdites clauses et choses cy-dessus rapportées se sont lesdites parties obligées l'une envers l'aultre corps et biens. — Faict au lieu et ville de Nevers, le vingt-uniesme juing, l'an mil six cent quatorze, présens : Pierre Perreaul, escolier, et François Lucas, clerc, demeurant à Nevers. Signé : *Valantin Sarodo*, — *Anet Marin*, — *Gaspar Fer* ; — Lucas, — P. Perreaul, — Caradin (notaire). »

Nos trois verriers purent-ils trouver « lieu propre à dresser verrerye », ou le contrat devint-il « nul et résolu » ? Aucun document, jusqu'à ce jour, n'a pu nous l'apprendre (1).

D'autres faits viennent encore confirmer l'humeur aventurière de nos verriers, « ces bohémiens gentilshommes », comme les appelle M. Van de Casteele (2).

Le 4 mars 1625, par devant le notaire royal François Pellé, sont comparus en leurs personnes, *Anthoine Traveto, Anthoine Dagna* et *Odoardo Buxono*, gentilshommes verriers, demeurant et travaillant, de présent, en la verrerie de Nevers (3), lesquels ont certifié et attesté, certifient et attestent qu'il est bien vrai qu'ils ont vu un nommé *Constantino Carcamo*, aussi gentilhomme verrier, natif de

(1) M. Ernest Reboul a publié, dans les *Mémoires de la Société académique du Var*, un très-curieux travail sur les de Ferry et les d'Escrivan, verriers provençaux. Au mois de mai 1670, Amos et François de Ferres, fils légitimes de noble Gaspard de Ferres, sont inscrits dans le catalogue des véritables nobles de la province de Dauphiné. Nous ne serions pas surpris que notre *Gaspard Fer* fût le même que ce *Gaspard de Ferres*, comme les *Saroldi* deviennent les de Sarode ; les *Castellani*, de Castellan ; les *Bormioli*, de Bormiol.

(2) Lettre ! M. Schuermans sur l'ancienne verrerie liégeoise, p. 8.

(3) *Ambrosio Traveto*, verrier, est parrain en la paroisse Saint-Genest, le 30 septembre 1640 ; — *Benedeto Dagna,* aussi verrier, l'est à Saint-Laurent, le 25 mai 1627.

Henri IV avait permis, en 1598, à Vincent Busson et Thomas Bartholus, gentilshommes verriers, natifs du duché de Mantoue, de construire à Rouen une verrerie pour y fabriquer « verre de cristail, verres dorez, esmaulx et aultres ouvraiges qui se font à Venize et aultres lieux et pays estrangers ». Mais dès 1605 ils étaient remplacés à Rouen par un gentilhomme provençal, François de Garsonnet (*les Verreries de la Normandie*, p. 276). Ce *Busson* de Rouen nous semble bien proche parent du *Buxono* ou *Bussone* de Nevers. — M. Schuermans, dans sa quatrième lettre sur les verres fabriqués aux Pays-Bas, signale aussi parmi les Altaristes venus à Liége, dès 1625, Antoine *Buzzone*, et observe avec raison qu'il faut bien se garder de confondre les membres de cette famille avec certains *de Buisson* mentionnés aussi à Liége au dix-septième siècle. Nous allons bientôt, en effet, rencontrer un *du Buisson*, verrier français en opposition avec les verriers altaristes.

l'Altare, au marquisat de Montferrat, demeurer dans cette ville, en la maison de la verrerie, où il a travaillé de l'état de verrier sous noble Horace Ponté, maître de ladite verrerie, l'espace de deux mois, suivant la paction que ledit sieur Ponté avait faite avec ledit Carcamo, le 9 juin 1624, par laquelle ils savent, ledit Carcamo être tenu de travailler en ladite verrerie pendant un an continuel, à commencer en la fête Saint-Martin d'hiver dernier passée, et qui devra finir à même jour de l'an présent. Et néanmoins ledit Carcamo n'a travaillé qu'environ deux mois, s'en étant retiré le jour de Saint-Mathias dernier, sans congé ni permission dudit sieur Ponté et à son insu, « sans que ledit sieur Ponté luy ayt mesfaict ny mesdict en aucune façon, ny que la femme dudi sieur Ponté, ses domesticques et aultres travaillans à ladite verrerie aient baillé aucun sujet ni occasion audit Carcamo de s'en aller ainsi... » Ce que lesdits gentilshommes ont affirmé, lesdits Traveto et Dagna demeurant et travaillant en ladite verrerie depuis un an, et ledit Buxono depuis le jour de Saint-Mathias qu'il arriva et trouva ledit Carcamo.

Dont et de ce que dessus ledit sieur Horace Ponté a requis et demandé acte pour s'en servir ce que de raison, à l'encontre dudit Carcamo, à l'effet de recouvrer contre lui tous dépens, dommages et intérêts, selon les ordonnances des sieurs *consuls de l'art de la verrerie* de ladite ville d'Altare, pour ne l'avoir servi pendant le temps porté par ladite paction.

A l'exception d'Antoine Traveto, qui a déclaré ne le savoir, tous ont signé : *Jo Doardo Bussone, Jo Antoni Dagna, Horace Ponté*.

L'année suivante, un autre verrier se disposait aussi à quitter Nevers pour s'en aller travailler de son art en Normandie :

Le 19 septembre 1626, *Jehan Bourniol*, verrier, demeurant à présent en cette ville de Nevers, s'oblige envers noble Pierre d'Azémar, écuyer, maître de la verrerie de la ville de *Rouan*, y demeurant, à le servir de son état de verrier, en la verrerie qu'il a fait faire et construire au village d'*Arcourt*, au lieu appelé *la Guionnée, en la duché d'Aumalle, pays de Normandie*, avec trois hommes, sans qu'ils soient tenus faire la *couserye*, et aussi sans que ledit d'Azémar soit tenu les nourrir (1). Et ce à raison de 76 livres 10 sols tournois par chacun mois que ledit sieur d'Azémar a promis et sera tenu payer de mois en mois. Ledit marché sera pour deux ans continuels et consécutifs, qui commenceront lorsque ledit Borniol sera arrivé avec ses hommes, au plus tard à Pasques charnels prochain venant. Toutefois, le sieur d'Azémar promet payer par avance et faire tenir à Nevers, dans six semaines, audit Borniol, la somme de 300 livres tournois, sur lesquels il a présentement payé 45 livres 12 sols dont ledit sieur s'est tenu pour content et bien payé.

Et seront ledit Borniol et ses hommes tenus faire par chacun jour 110 verres, savoir 55 par cuvée, à demye côte, 55 à la bague et 60 tout unis, le tout bon, loyal et marchand.

L'acte est signé de P. d'Asémar, du sieur Borniol, *Jo Jiouane Borniolo*, et d'un autre verrier cité déjà comme témoin dans l'acte précédent, Anthoine Dagne, *Jo Dagna* (2).

(1) Nous renvoyons ici à l'histoire de la verrerie de Rouen, dans le livre si important de M. Le Vaillant de La Fieffe : *Les Verreries de la Normandie, les Gentilshommes et Artistes verriers normands.* Rouen, 1873. On y lit (page 279) que les ancêtres de Jean et Pierre d'Azémar exerçaient l'art de la verrerie depuis deux cent cinquante ans et avaient « les premiers en France trouvé l'invention de travailler en cristal ». — Le même auteur rapporte (pages 236-243) que Jean *de Barniolles*, après avoir travaillé pendant quinze ou seize ans à la verrerie des sieurs Jean et Pierre d'Azémar, à Rouen, dans le faubourg Saint-Séver, s'associa avec Jean-Baptiste de Postel, vicomte de Conches, et fit construire avec lui, en 1638, dans la paroisse de Beaubray, un fourneau, où ils travaillèrent et firent travailler en verre de cristal, entreprise que les sieurs d'Azémar le contraignirent à abandonner. Notre gentilhomme verrier mourut audit lieu de Beaubray, le 3 janvier 1649, et son corps reçut la sépulture dans l'église de cette paroisse.

(2) Archives de la chambre des notaires de Nevers, minutes Vaillant. (Communication de M. de Laugardière.)

Ces faits et autres de même nature n'étaient toutefois que des incidents sans grande importance et qui ne pouvaient influer d'une manière bien sensible sur la prospérité de la verrerie nivernaise

Cependant, Horace Ponté et Vincent Sarode qui, plus habituellement, prenaient ensemble le titre de maîtres, avaient eu à subir, en 1619, une attaque des plus périlleuses pour l'avenir même de leur industrie à Nevers. Un certain gentilhomme verrier français, du nom de Dubuisson (1), se qualifiant du titre de syndic et procureur des verriers français, avait prétendu imposer des conditions qu'Horace Ponté et son associé rejetaient obstinément. Le duc de Nevers n'hésita pas à prendre parti, devers le roi de France, pour les artistes dont sa ville était fière.

Louis de Gonzague, il est vrai, était mort en 1595, mais sa noble veuve avait continué ses royales largesses envers les gentilshommes verriers ; puis le prince Charles, leur fils, plus connu sous le nom de duc de Rethelois, en héritant, en 1601, de leurs immenses domaines, s'était fait le continuateur de leurs inépuisables générosités.

Donc, ce fut Charles de Gonzague qui, par honneur pour la mémoire de son glorieux père, intervint solennellement auprès du roi avec Horace Ponté et Vincent Sarode ; et c'est, sans contredit, à cette haute intervention que Nevers dut la conservation de sa verrerie.

Le document contenant les moyens d'intervention du noble duc auprès de Sa Majesté nous a paru d'un si vif intérêt, tant pour l'histoire locale que pour l'étude générale des verreries de France, que malgré sa longueur nous en donnons ici la copie *in extenso* (2) :

(1) Un sieur Dubuisson, ingénieur, préside, en 1752, à l'installation de la verrerie d'Apremont. (Notice sur cette verrerie, par M. Roubet, page 90 du présent *Bulletin*.)

(2) C'est un grand cahier papier de neuf feuillets, très-élégamment écrits en belle cursive, dont nous devons la communication à M. l'abbé Griveau, curé de Sauvigny-les-Bois.

« Moyens d'intervention que met et fournit par devers le Roy et Nosseigneurs de son Conseil messire Charles de Gonzagues, duc de Nivernois et Rethelois, pair de France, gouverneur pour Sa Majesté en Champagne et Brye, demandeur en requête d'intervention du 19ᵉ jour d'août dernier 1619.

» Contre Bernard Dubuisson, gentilhomme verrier françois, soy disant sindic et procureur des gentilshommes verriers françois, deffendeurs de ladicte intervention et demandeur de lectres du 8ᵉ jour de febvrier 1619,

» Et Horace Ponté et Vincent Sarode, escuiers, maîtres de la verrerie de Nevers, deffendeurs.

» A ce qu'il soit dict, s'il plaist à Sa Majesté et Nosseigneurs de son Conseil, faisant droict sur ladicte intervention dudit sieur demandeur, en conséquence des lettres-patentes du feu roy Henry le Grand, que Dieu absolve, du mois de septembre mil cinq cens quatre vingts quatorze, lesdicts Ponté et Sarode seront maintenus et conservés en ladicte verrerie de Nevers, pour en jouir suivant et conformément aux priviléges et exemptions qui leur ont esté accordez, avec deffense audict Dubuisson et tous autres de les troubler ny empescher en l'exercice et fonction de leur art, audict Nevers, de façon aucune, soit par eulx ou personnes interposées, à peine de trois mille livres d'amende et aux despens de la présente intervention.

» Le faict est que le feu sieur duc de Nevers, père dudit sieur intervenant, aiant recogneu deffunct Vincent Ponté et Vincent Sarode, gentilshommes verriers d'Italie, du marquizat de Montferrat, estre fort experts en l'art de verrerie, il désira les attirer en France et establir en sa ville de Nevers, pour y travailler de leur art pour le bien et utillité publicque de tout le royaume; et pour affermir leur establissement obtint permission du feu roy Henry troisième de faire faire ledit establissement, mesmes obtint lettres de naturallité en faveur desdits gentilshommes verriers pour eulx et leur postérité, afin de les obliger par ce moien à se résoudre à

v

passer le reste de leurs jours en ladite ville de Nevers et y travailler de leur art, et furent doués des mesmes priviléges, exemptions, franchises et libertez qui ont de tout temps esté concédez aux aultres gentilhommes verriers françois.

» Cest establissement aiant esté ainsy faict et authorisé par le prince, il y a bien trente-cinq ou quarante ans, ledict deffunct Ponté et Sarode, après le déceds dudict roy Henry trois, auroient à la recommandation dudict feu sieur duc de Nevers obtenu confirmation du feu roy Henry le Grand de très-heureuse mémoire, que Dieu absolve, tant de leur establissement que de leurs exemptions et franchises, sur ce que l'on recognut par expériance qu'ils estoient des plus expérimentez en leur dict art de verrerie et que le publicq en recepvoit une grande utillité et contentement par le grand débit qui se faisoit des verres de cristal excellemment travaillés en ladicte verrerie, et que outre ce, ils apprenoient le secret excellant dudict art de verrerie à plusieurs gentilshommes français dudict art de verrerie qui se mettoient en apprentissage soubz eulx (1).

(1) On reprochait aux gentilshommes verriers italiens de refuser de faire connaître à leurs apprentis français les secrets de leur art; d'où, disait-on, grand préjudice pour les pauvres gentilshommes nécessiteux de France, dont les verreries étaient supprimées par la concurrence italienne, et un conseil de commerce avait été institué par Henri IV pour se préoccuper des moyens de favoriser l'industrie française. (Voir Champollion-Figeac, *Mélanges historiques tirés des collections manuscrites de la Bibliothèque nationale* — collection de documents inédits sur l'histoire de France — IV, p. 170, 196, 208, 287.)

Les maîtres de la verrerie de Nevers se défendent victorieusement de ce reproche et protestent qu'ils n'ont jamais provoqué aucune plainte, se comportant comme *vrais et naturels Français*.

M. Schuermans, dans sa quatrième lettre déjà citée, raconte, en effet, qu'un verrier d'Altare, du nom de Sarode, travaillant en France, et poursuivi de ce chef par ledit conseil, alléguait qu'il ne peut, sans autorisation de son souverain, le duc de Mantoue, forfaire au serment de garder les secrets de son art, d'autant plus qu'au cas contraire tous ses ouvriers le quitteraient. A quoi il fut obvié par lettres de naturalité accordées d'office, par nature de défense nationale, aux gentilshommes verriers italiens qui se trouveraient dégagés de leurs serments

» Soubz l'authorité desdictes lettres et promesses des roys prédécesseurs, ledict deffunct Ponté a tousjours jouy paisiblement de ladicte verrerie, comme aussy ledict Sarode et le fils dudict Ponté qui est l'un des deffendeurs sans aucun trouble jusques au deuxième jour de may dernier que lesdicts deffendeurs ont été assignés au conseil, à la requête dudict Buisson, demandeur, en vertu des lettres du huictiesme febvrier précédent soubz une supposée et empruntée quallité de procureur sindicq de tous les gentilshommes verriers de France, tendant à ce que lesdicts Ponté et Sarode, deffendeurs, soient condemnés à prendre aultant d'ouvriers et aprentifs françois que d'estrangers ; sur laquelle assignation lesdictes parties aiant contesté et esté réglées, ledict sieur intervenant aiant advis de ce trouble seroit intervenu en ladicte instance, pour l'intérest notable qu'il a de conserver et maintenir lesdicts deffendeurs en leur dict establissement et longue possession de ladicte verrerie et auroit esté receu partie intervenante sur la requeste qu'il en auroit présentée à ceste fin le dix-neuvième jour d'aoust dernier.

» Dict et soustient ledict sieur intervenant, sans approbation de ladicte prétendue qualité de procureur sindicq dudict demandeur, que icelluy sieur intervenant a grand intérest d'intervenir en ladicte instance, à fin de ladicte conservation en faveur desdicts deffendeurs, l'establissement desquels et longue possession on veult esbranler soubz couleur de prétendu réglement dudict demandeur et cela par une envye mauvaise et odieuse qu'il a contre lesdicts deffendeurs à cause de l'expériance plus grande qu'ils ont dudict art de verrerie que non pas ledict demandeur et quelques autres qui se meslent dudict art.

» Premièrement ledict sieur intervenant soustient ledict demandeur non recepvable en sadicte demande, fins et con-

---

envers leur patrie ; et c'est ainsi que les Saroldi, devenus les de Sarode, ont fait souche en France, où leurs descendants existent encore en divers lieux.

clusions n'aiant jusques icy... communiqué aucune procuration valable et autentique justificative de sadicte prétendue
quallité de sindic des autres verriers de France, sur laquelle
il n'est pas recevable en son action d'aultant que comme
particulier il n'est pas partie capable pour demander un tel
réglement, joinct que c'est un homme de néant qui ne s'est
advisé de faire ceste indue poursuitte que pour vexer et travailler les deffendeurs en procès.

» Au fonds et sans se départir de la fin de non-recevoir
pertinante et sur laquelle il est préalable de faire droict,
d'aultant qu'en cour souveraine on est obligé de deffendre à
toutes fins, dict ledict sieur intervenant qu'en ce qui regarde
ledict réglement d'astraindre lesdicts deffendeurs à prendre
aultant d'ouvriers françois que d'estrangers, que c'est particulièrement à iceulx deffendeurs à y respondre, et néanmoings
ledict sieur intervenant, pour l'intérest notable qu'il a de
conserver ladicte verrerie en sa splandeur et intégrité, que
ledict réglement n'est juste et raisonnable, d'aultant que par
ce moien ladicte verrerie dépériroit en la perfection qu'elle a
tousjours eue aux ouvrages divers, veu qu'il est certain que
les Italiens sont d'ordinaire plus experts et adroictz audict
art que non pas les François, desquels néanmoings ils se
servent lorsqu'il se rencontre de bons ouvriers, et est une
chose qui a toujours esté et est pratiquée en toutes sortes
d'arts et mestiers qu'il est permis aux maistres lesquels doib-
vent tousjours estre François ou naturalisés, de se servir de
toutes sortes d'ouvriers de toutes nations ainsy qu'ils se rencontrent ; et en cela, ledit sieur intervenant a tousjours été
curieux et soigneux qu'un bon ordre y ait esté perpétuellement gardé et observé et ny voudroit permettre aucun
désordre, dont jamais aussy il ne s'est faict de plaincte depuis
trente-cinq ou quarante ans qu'ils sont establis, que jusques
à présent par ce particulier soubz une supposée quallité de
laquelle il n'a point faict apparoir et jusques à ce est non
recevable.

» Ledict demandeur fonde sesdictes conclusions sur un

arrest du conseil qu'on dit estre du septiesme jour de juin
mil six cens cinq et porter réglement entre les verriers de
France, qu'ils auroient autant d'ouvriers françois que
d'estrangers. On ne scait que c'est de cet arrest, et n'a poinct
esté communiqué. Et après qu'on l'aura veü, s'il y en a, on
y répondra.

» Et ce que trouve estrange ledict sieur intervenant c'est
que lesdicts deffendeurs sont seuls attaquéz et poursuivis,
bien qu'en Daulphiné et divers lieux de ce royaume l'on a
depuis ledit temps de mil six cens cinq librement exercé ledict
art de verrerie ainsy que l'on faict encores à présent en ladicte
province de Daulphiné en un bourg appartenant au sieur
Dorlano, et en Bretagne en un lieu appelé Héry, en un
chasteau apartenant au sieur de Rohan, distant de quatre à
cinq lieues de Nantes, sans qu'ils aient jamais esté molestés
de personne, encoues que ce soient tous Italiens non natura-
lisez, qui ne sont par ce moien en sy fort termes que les
deffendeurs; et sy ceste poursuitte n'estoit envimeuse par
ledict demandeur, on attaqueroit aussy bien les aultres
comme on faict les deffendeurs, à cause qu'ils excellent aux-
dicts ouvrages.

» En un mot ledit sieur intervenant a notable intérest que
ladicte verrerie ainsy establye par ledict feu sieur son père,
authorisée par les roys et fondée en bons tittres et possession
de trente-cinq ou quarante ans, plus que suffisants pour
acquérir prescription, soit maintenue et conservée en son
entier sans qu'il y puisse estre rien inové, ny qu'il y aye
cause de ce faire, veu que depuis ledict temps lesdicts maîtres
verriers s'y sont comportés et gouvernés avecq une telle pru-
dence et modestie qu'il ne s'est jamais trouvé aucune plaincte
contre eulx, aiant tousjours vescu soubz les loix de France,
comme vrais et naturelz Franços, et au contraire ont aporté
et aportent journellement une grande utillité et contentement
à toute la France par la grande quantité de verres excellemment ouvrez qui se font en ladicte verrerie et se débitent en
tous les lieux et endroictz de ce royaume dont la preuve forte

et irréprochable est toute commune et notoire par le moien dudict débit. C'est pourquoy ledict sieur intervenant se joinct avec lesdicts deffendeurs à ce qu'ils soient maintenus et conservez, à ce que ledict demandeur tant par fin de non-recevoir que aultrement soit débouté de l'efect et antérinement desdictes lettres fins et conclusions et condemné aux æspens (1). »

Peu de temps après cet acte si solennel, le 12 novembre 1619, le duc Charles de Gonzague constituait une rente annuelle de 75 livres au profit desdits sieurs Horace Ponté et Vincent Sarode, et de Hiérosme Sarode, fils de ce dernier. Déjà, le 18 mars 1617, par contrat passé devant Jarre, notaire royal, Mme Catherine de Lorraine, duchesse de Nivernois et de Rethelois, tant en son nom qu'en celui de Mgr Charles de Gonzague de Clèves, duc desdits pays, son époux, constituait une rente annuelle de 68 livres 15 sols au profit de noble Horace Ponté, maître de la verrerie de Nevers, et de noble Vincent Sarode (2).

(1) A la suite on lit encore : « ET POUR JUSTIFFICATION de ce que dessus, produict ledit sieur demandeur intervenant les pièces qui en-suivent. » Ces pièces, très-sommairement indiquées, ne nous appren-nent rien, sinon la date des lettres de confirmation par Henri le Grand, du mois de septembre 1594, des exemptions accordées aux défendeurs par le feu roi Henri III.

(2) Les minutes du notaire Jarre ont disparu pendant la Révolution, et nous ne pouvons guère espérer de retrouver la copie de ces deux contrats. L'indication nous en a été fournie par un acte du notaire Taillandier, en date du 14 novembre 1654, portant remboursement lesdites rentes à Suzanne d'Albane, veuve d'Horace Ponté. La pre-mière rente, en effet, avait été cédée à Horace Ponté par Jérôme Sarode, fils de Vincent-François Sarode, par-devant Gentil, notaire royal, le 27 janvier 1624; la seconde rente avait été cédée par les mêmes Jérôme et François Sarode audit sieur Ponté, le 30 janvier 1624, par-devant le même notaire Gentil, dont les minutes ont égale-ment disparu ; et Suzanne d'Albane en était devenue propriétaire par suite du don mutuel qu'elle et son mari s'étaient fait de tous leurs biens dès l'année 1635.

Amédée Jollien Sc.   Verrerie Nivernaise   d'après un dessin de Le Blanc-Bellevaux

Et combien d'autres faits de ce genre nous demeurent sans nul doute inconnus !

Bien loin donc de péricliter entre les mains d'Horace Ponté, la verrerie prit au contraire une extension si considérable qu'elle ne fut jamais dépassée, et· nous croyons pouvoir attribuer à cette époque la construction du bel *Hôtel de la Verrerie*, en la grand'rue de la Tartre, dont la tourelle carrée et la galerie à jour indiquent si bien l'architecture italienne.

La preuve manifeste du grand développement de la verrerie se trouve surtout dans l'incroyable quantité d'actes notariés dont fourmillent les archives ; nous n'en citerons que quelques-uns des plus importants : d'abord les marchés d'achat du bois de moule nécessaire pour chauffer les fours.

Le 17 décembre 1610, Gilbert Dutret, voiturier par eau, demeurant en la paroisse de Cuffy, vend et promet livrer à noble Horace Ponté, maître de la verrerie de Nevers, la quantité de cent milliers de *bois de mosle, moison* (mesure) *d'Orléans, bon bois chesgne et charme* loyal et marchand. Sera toutefois tenu ledit Ponté de recevoir le quart d'icelle quantité de bois de tremble. Lesdits cent milliers seront livrés dans la cour de la verrerie, au jour de *Caresme prenant* prochain venant, moyennant le prix et somme de 8 livres 15 sols tournois pour chacun millier, le tout revenant à la somme de 875 livres (1). Semblable quantité de cent milliers de *bois de mosle*, à raison de 8 livres tournois pour chacun millier, revenant à la somme de |800 livres, est vendue, le le 19 juin 1614, par honorable homme Claude Damond, marchand, demeurant à Nevers (2).

En 1619 encore, un nommé Jean Pynault, simplement qualifié laboureur, demeurant en la paroisse d'Aglan, vend cent milliers de même *bois de mosle, chesgne et charme*, promettant les conduire et livrer dans la cour de la maison

(1) Archives des notaires, minutes Pellé.
(2) Archives des notaires, minutes Duplessis.

de ladite verrerie, moyennant le prix de 750 livres tournois qui est, à raison de 7 livres 10 sols pour chacun millier, sur laquelle somme ledit sieur Ponté a immédiatement payé 5o livres en quarts d'écu et douzains.

Ce même laboureur, vers la fin de cette même année, 18 novembre 1619, vend au même prix cent autres milliers de bois qu'il s'engage à fournir en quatre livraisons, savoir : 25 milliers dans le jour de *Pasques charnels* prochain, 25 pour la Nativité saint Jean Baptiste, 25 dans la fête de Saint-Martin d'hiver et 25 à la Nativité Notre-Seigneur, qu'on comptera 1620. Parmi les autres marchés moins importants, mais beaucoup plus nombreux, notons seulement, au passage, la vente de 8 milliers, au prix de huit livres chacun, par messire Pierre Cazal, prêtre, curé de Chevenon, le 2 juin 1621.

Enfin, le 17 février 1622, noble François de Roffignac, écuyer, sieur de Bouhy et d'Aspremont, demeurant audit lieu d'Aspremont, vend à noble Horace Ponté et à honorable homme Jean Thonnelier le jeune, marchand à Nevers, la coupe et superficie d'un bois-taillis, assis en la terre de Bouhy, paroisse de *Saint-Oing*, appelé le bois de Goullène, contenant 94 arpents, 69 carreaulx à 22 pieds pour corde..., dans lequel bois lesdits sieur Ponté et Thonnellier seront tenus de délaisser *300 chesgnes propres à faire baliveaulx* et sans aucune autre réserve..., et pour faire laquelle coupe et enlever ledit bois ils auront le temps de trente-sept années continuelles, et le pourront faire couper en toutes saisons, excepté le mois d'août, etc.; moyennant le prix de 1,300 livres, sur laquelle somme ledit sieur Ponté a présentement payé au sieur de Bouhy 900 livres en testons et autres monnaies, et ont promis payer le reste dans le premier jour de juillet prochain. En outre, le sieur Ponté a présentement payé à damoiselle *Anne Duplessys*, épouse dudit sieur de Bouhy, la somme de 25 livres pour ses *espingles* (1).

(1) Archives des notaires, minutes Pellé. Les autres actes cités, depuis celui de 1614, sont aussi du même notaire.

Après l'achat des bois viennent les marchés pour la *terre*
blanche des fourneaux, puis pour les *cailloux blancs* et pour
a *soude* qui, jetés dans les creusets embrasés du four, cons-
ituent l'élément principal de la composition du verre :

1° Le 18 octobre 1616, Nicolas Maulcourant, manœuvre,
lemeurant à Martangy, paroisse de Nolay, s'oblige à noble
Horace Ponté de tirer la quantité de *12 poinssons de terre*
blanche, qu'il prendra dans les *Crots-Blancs,* assis en la
paroisse et justice de Saint-Benin-des-Bois ; et icelle étant
tirée devra la faire *chesser* (sécher), puis après la *piller,*
cribler, et la rendre bien nette de pierre et cailloux, puis,
ce fait, la *destramper et mettre en paste,* bien et dûment,
et en remplir *12 poinssons* qu'il sera tenu livrer en la maison
de la verrerie ou sur le port du Pont-Cizeau, *dans d'huy en*
un mois ; et sera le sieur Ponté tenu de fournir audit Maulcourant, au lieu de Saint-Benin, les *12 poinssons* et 100 sols
tournois pour *chacun poinsson* de ladite terre, qui est pour
le tout 60 livres, sur laquelle somme ledit sieur Ponté a
payé 20 livres par avance (1).

Le même Nicolas Maulcourant s'oblige pareillement, le
3 août 1618, à livrer dans la cour de la verrerie, *d'huy en*
un an prochain venant, la quantité de *4 poinssons de terre*
blanche pillée, passée et destrampée, propre à faire les fourneaux *à faire verre et à viltre...,* laquelle terre sera tirée *au*
Crot-Blanc, paroisse de Saint-Benin-des-Bois, et sera tenu
ledit Maulcourant icelle *apprester,* rendre et conduire à ses
frais.

A près de vingt ans de distance, Nicolas Maulcourant,
qualifié cette fois de fondeur de verre de viltre, s'engage, le
25 novembre 1637, à délivrer audit sieur Ponté *8 poinssons*
de terre propre à faire fourneau pour verre de viltre, prise
au lieu des Crots-Blancs, en la paroisse de Nollay, et où il
n'y aura que le moins de pierre que ledit Maulcourant

(1) Archives des notaires, minutes Pellé.

pourra, moyennant la somme de 44 livres, qui est pour chacun poinçon 110 sols... (1).

Enfin, le 11 avril 1640, Jehan Mousnier et Claude Bourachon, voituriers par eau, demeurant à Nevers, s'engagent envers noble Horace Ponté à voiturer dans leurs bateaux, *à toutes eaux* et sans séjour, — réservé fortune de rivière, — *12 poinssons de terre des Crots-Blancs et de terre du port Tharault, pour faire fourneaux à verre,* savoir *6 poinssons* pris à Nevers, au logis dudit sieur Ponté, et qu'ils conduiront sans cesser sur le port Tharault, et 6 autres, qui leur seront délivrés par maître Antoine Febvre, marchand audit port, pour le tout conduire sur le port de Roanne et délivrer au sieur David, hôte du logis où pend pour enseigne saint Sébastien, duquel apportant décharge il leur sera payé par le sieur Ponté, pour la voiture et camionnage, 48 livres tournois (2).

2° Un marchand de Moulins en Bourbonnais, Étienne Arnoul, s'engage, le 23 mars 1627, à vendre et livrer à Nevers, sur le port du guichet de Loire, à noble Horace Ponté, la quantité de *20 poinssons pleins de cailloux blancs, et iceulx amasser au long de la rivière d'Allier,* dans les quinze jours après la fête de Pâques charnels prochainement venant, ou plutôt, si faire se peut, moyennant la somme de 45 sols pour *chacun poinsson desdits cailloux,* qui fait pour le tout 45 livres.

Le 21 octobre 1641, Horace Ponté fait marché avec Jean David, voiturier par eau, demeurant à Nevers, lequel s'oblige à recevoir du sieur Julien Musnier dit la Muraille, marchand verrier en la ville d'Orléans, *15 ou 20 barrys de sable blanc d'Estampes,* les charger en ses bateaux et amener à Nevers, au plus tôt que faire se pourra, moyennant le prix de 16 sols pour chacun *barry* (3).

(1) Archives des notaires, minutes Casset.
(2) Archives des notaires, minutes Pellé.
(3) Archives des notaires, minutes Casset. — On sait que les faïen-

3° Quant à la soude, Horace Ponté continue à la faire venir de Lyon, et il l'envoie chercher à Roanne par les mariniers de Nevers, en y expédiant des terres blanches, comme le pratiquait Jacques Sarode.

Ainsi, le 3 janvier 1618, Blaize Berthet, voïturier par eau, demeurant à Nevers, en la paroisse Saint-Sauveur, promet à noble Horace Ponté d'aller jusqu'à *Rouane*, au logis du sieur Pascal David, hôte du logis où pend pour enseigne saint Nicolas, recevoir dudit David la quantité de 44 barils et 24 balles, *lesdites barries et balles pleines de soulde*, appartenant audit sieur Ponté. Lesquelles il sera tenu amener et conduire par eau, en cette ville de Nevers, *sur le port du petit guychet de Loire ou de Minchat*, et délivrer au sieur Ponté, moyennant le prix et somme de 50 sols pour chacun millier pesant de ladite soude, payables à la livraison d'icelle.

Sera d'ailleurs tenu ledit Berthet partir dès le lendemain et être de retour dans huit jours; et dans le cas où la soude ne lui serait pas délivrée, soit qu'elle ne fût pas arrivée à Roanne, ou qu'on eût fait marché avec quelque autre marinier pour l'amener à Nevers, les parties ont été d'accord que le sieur Ponté serait seulement tenu de bailler audit Berthet, pour une fois, la somme de 4 livres pour six journées qu'il pourra employer à aller et venir de Roanne.

Trois semaines plus tard, le 26 janvier, le même marinier faisait encore marché avec le sieur Ponté de lui amener de

---

ciers de Nevers, du temps d'Anthoine de Conrade, en 1632, tiraient de la paroisse du Gravier, près de La Guerche, le sable « propre à faire de la vesselle de fayence ». Ce sable grossier contient une grande quantité de cailloux en quartz très-pur, blanc et opaque, qui pouvaient parfaitement être employés à la fabrication de l'émail, après avoir été broyés sous la meule. (*La Faïence, les Faïenciers et les Émailleurs de Nevers,* par M. du Broc de Segange, p. 76-77.) — Il est à présumer que nos verriers profitèrent aussi du voisinage du Gravier pour utiliser ces cailloux blancs qu'ils recherchaient partout si soigneusement.

Roanne *vingt balles ou barries pleines de soude*, moyennant la somme de 18 sols tournois, *pour chacune barrye ou balle* livrée sur les ports du Guichet ou de Ninchat.

Cependant, Horace Ponté se procurait aussi de la soude *d'alicante*, alors si renommée (1). Le 19 mars 1635, il fait un contrat avec un marchand de Rouen, Jehan Auzout, lequel s'engage à lui fournir et livrer la quantité de dix milliers de *soudde d'Espaigne d'Alliquante*, bonne, loyale et marchande, servant à faire verre, rendue et conduite à Paris, où elle sera mise et serrée en *magasin sec*, dans le premier jour d'août prochain, et ce, moyennant la somme de 10 livres 10 sols pour chacun cent pesant, plus 18 livres, pour l'emballage et futaille de ladite marchandise bien accommodée dans de bons muyds (2)...

La soude d'Alicante était particulièrement employée pour la composition du beau verre blanc, après avoir été pilée et passée au tamis, puis mêlée avec du sel de nitre, du sable et du manganèse en poudre. Le tout étant en fusion, disent les verriers, on apercevra à la surface un sel qu'on appelle *sel de verre;* il ne faut pas ôter ce sel trop tôt, mais seulement quand la matière est bien fondue...; on l'enlève avec l'instrument appelé la poche, mais pas entièrement. Et il faut bien prendre garde qu'il n'y ait de l'eau dans la cuillère, cela ferait sauter le sel avec grand bruit, et l'on risquerait d'avoir le visage brûlé et même les yeux crevés (3).

Cette formation du *sel de verre* a pour nous un intérêt particulier, car les minutes du même notaire qui nous ont fourni le marché de soude d'Alicante nous font connaître, à la date du 3 juillet 1634, un très-curieux marché entre noble Horace Ponté et honorable homme Jean Jachiet, marchand

(1) La soude d'alicante est aussi appelée soude de barille, du nom de cette plante, la *barille*, qui se recueille et se brûle aux environs de la ville d'Alicante. C'est la véritable soude de barille qu'il faut employer pour la fabrication des glaces à miroirs. (*Encyclopédie.*)

(2) Archives de la chambre des notaires, minutes Casset.

(3) *Grande Encyclopédie.*

de la ville de Lyon, par lequel ledit seigneur Ponté vend et promet de livrer en la maison du sieur Michel Rabdeau, marchand quincaillier de Nevers, muni de la procuration du sieur Jachiet, *tout le sel de verre* qu'il fera faire en la verrerie de Nevers pendant un an, à commencer de ce jour, sans pouvoir en vendre à d'autres; et ce, moyennant le prix et somme de 12 livres 10 sols, pour chacun cent pesant dudit sel de verre, que ledit sieur Ponté livrera de trois mois en trois mois, laquelle somme ledit Rabdeau sera tenu de payer en la maison du sieur Ponté, et avant d'obtenir la délivrance de chacune livraison, sera tenu aussi ledit Rabdeau « le desnoncer à messieurs les officiers du grenier à sel et d'iceux en apporter certificat » au seigneur Ponté.

A la date du 16 février 1641, le seigneur Horace Ponté, de son bon gré et bonne volonté, consent à livrer à Daniel d'Hennézel, écuier, demeurant en la verrerie de Bois-Giset, *ung poinsson de sel de verre* pesant six cents et valant la somme de 75 livres, pour laquelle somme ledit sieur d'Hennézel livrera la quantité de 150 liens de verre (1)...

Ce qui prouve mieux encore l'importance croissante des productions de nos verriers à cette époque, c'est le grand nombre de baux de locations nécessitées pour l'emmagasinement des marchandises, sur les deux rues de la Tartre et des Fumiers (rue actuelle de Saint-Didier), entre lesquelles se trouvait l'hôtel de la Verrerie.

C'est, par exemple, le 3 mars 1616, un bail pour quatre années, commençant à la fête Saint-Jean-Baptiste, consenti par Perrette Poin, femme de Charles Roy, écuyer, sieur de

---

(1) Minutes Pellé. — Ajoutons que les manufactures de faïence de Nevers faisaient aussi une grande consommation de salin ou sel de verre. Dans une statistique faite au commencement du premier Empire sur toutes les usines de la Nièvre, on voit que la seule manufacture de l'*Ecce Homo*, rue Saint-Genest, consommait six milliers de sel de verre à 22 francs le cent; on le tirait alors des verreries de la Seine-Inférieure. (*La Faïence, les Faïenciers et les Émailleurs de Nevers*, par L. du Broc de Segange, p. 223.)

Mimasson, à noble Horace Ponté, d'une grange assise derrière la maison de ladite damoiselle, en la rue des Fumiers,
paroisse de Saint-Laurent, sous l'accense de 15 livres tournois
par chacun an, qui est pour quatre ans 60 livres, que le sieur
Ponté s'empresse de payer d'avance. Il a soin aussi de stipuler
que pour aller et venir en ladite grange, il aura son entrée
tant par devant la maison de ladite damoiselle, du côté de la
rue de la Tartre, que par derrière; et au cas qu'il lui arrive
de la marchandise avant la fête de Saint-Jean-Baptiste, il la
pourra mettre dans ladite grange, sans pour cela être tenu à
aucune chose à ladite damoiselle.

De la même année encore et années suivantes, bail d'une
maison appartenant à Marie du Puis, assise en la grande rue
de la Tartre, paroisse Saint-Laurent, appelée *la maison de
Chasteau-Gaillard*, avec ses droits, aisances et appartenances,
à la réserve seulement *d'une des bouticques de devant*, la plus
proche de la maison du maître émailleur, Gervais Dupré, et
du cellier de ladite maison, où ladite du Puis pourra entrer
par une porte qui est entre la maison de Chasteau-Gaillard
et *la maison de Saint-Pierre...*, sous l'accense de 24 livres
tournois par chacun an (1).

En 1619, bail d'une petite cour proche et *attenant les
murailles des bastimens de la verrerye*, avec un petit cellier
joignant ladite cour, le tout appartenant à Perrette Compte,
veuve de feu Guillaume de Font-Ferrière, et à Michel de
Font-Ferrière, vigneron, son fils, sous l'accense de 6 livres

---

(1) Le 5 octobre 1630, Étienne Vaquet, huissier, sergent royal des
tailles en l'élection de Nevers, et Symonne Gigauld, sa femme, vendent
à Mᵉ Sébastien Paulet, chanoine de Nevers, une maison assise en la
rue de la Tartre, *vers la verrerye*, appelée vulgairement *la maison de
Saint-Pierre*, tenant par le devant à ladite rue, d'autre part à la maison
dudit sieur acquéreur, appelée le Château-Gaillard, d'autre à la maison
des héritiers feu Jean Thanne, et par le derrière à la maison du sieur
Genest, chanoine, laquelle dépend du chapitre de Saint-Cire; ladite
vente faite moyennant mil livres... (Archives de la chambre des notaires de Nevers, minutes Defrance.)

tournois, qui est pour quatre années la somme de 24 livres, sur laquelle ledit sieur Ponté a payé par avance 18 livres (1).

Tous ces documents accumulés, et bien d'autres passés sous silence, nous montrent assez quelle animation devait alors régner dans la ville par le seul fait de la verrerie, sans compter les faïenceries et les ateliers d'émailleurs. Mais quelles étaient donc les productions de nos verriers? En vérité, il nous tarde de faire connaître quelques-unes de ces œuvres maîtresses, sorties des mains de nos artistes gentils-hommes.

Ce n'est pas que nous puissions espérer, comme pour les faïences et même pour les émaux, retrouver intactes, dans nos musées ou dans les collections particulières, ces trop fragiles *pièces rares de verrerie de Nevers* dont un vieil auteur raconte que les curieux remplissent leurs cabinets, *à l'égal des cristaux de Venise*, et toutes *ces sortes de gen-tillesses propres à orner les cheminées, les armoires, que chacun, riche ou pauvre, veut avoir* (2)..., mais les archives où nous avons puisé déjà si largement nous font espérer encore d'heureuses découvertes.

Les échevins, en effet, sont pleins d'admiration pour les produits de nos artistes, et ils se plaisent, — nous l'avons constaté en 1597, 1599 et 1603, — à en faire présent à tous les princes et grands seigneurs qui visitent la cité, à tous les personnages dont ils ont besoin de gagner les faveurs, par exemple à messieurs les trésoriers généraux, receveur et greffier de la généralité de Moulins; eux-mêmes sont fiers de s'attribuer chaque année, pour étrennes, quelques-uns de ces grands verres de cristal raffiné qui remplacent si élé-gamment les coupes du potier d'étain, ou quelque beau vinaigrier de cassidoine, etc. Lisons plutôt cette ordonnance du quatrième jour de mars 1618 :

(1) Ces baux sont tous tirés des minutes Pellé.
(2) Citation de M. Charles Grouet dans l'*Echo du monde savant*, 27 juin 1844.

« Maître Vincent Bordet, recepveur des deniers commungs de la ville de Nevers, paiez des deniers de vostre recepte au seigneur Orace Ponté, maître de la verrerie de ceste ville, la somme de quatre-vingt-neuf livres cinq sols, pour dix-neuf douzaines de verres de cristal par luy fournies et livrées pour bailler et distribuer tant à nous qu'aux officiers de l'hostel commung de ceste ville, *ainsi que l'on a accoustumé*, le jour Saint-Rémy qu'ils entrent en charge, ou le jour de Saint-Michel à ceux qui sortent de charge (1), et le premier jour de l'an pour leurs estrennes, et ce pour ledit jour Saint-Rémy et premier de l'an, derniers passés. Ensemble pour cinq vinaigriers de cassidoyne (2), laquelle somme vous sera passée à la despense de vostre compte, rapportant par vous la présente, avec quittance ludit Ponté au bas d'icelle. »

Trop rarement, dans les circonstances plus importantes, à l'appui de son ordre de payement, le receveur joint le mémoire de l'artiste. Nous avons retrouvé plusieurs de ces pièces ; et l'une d'elles en particulier, datée de 1622, l'année de la venue de la reine Anne d'Autriche en notre ville, offre de si minutieuses descriptions et des détails si charmants que nous estimons comme une bonne fortune l'honneur d'en publier intégralement le texte. C'est vraiment le commentaire le plus fidèle et le plus séduisant des quelques lignes de nos anciens chroniqueurs :

« Au mois de juing 1622 j'ay envoyé à Pougues, suivant l'ordre de messieurs les eschevains, douze douzaines verres rafinés, desquels y en avoit six couverts, savoir : *deulx avec des fleurdelis et ung avec une forme de couronne*, les aultres avec des aneaulx ; *deulx couppes avec des oyseaulx dedans*

(1) Archives communales de Nevers, CC. 195-1629.
(2) *Vinaigriers de cassidoine.* Le *Glossaire* de M. de Laborde nous apprend que la *chalcidoine*, mot altéré dans la basse latinité en *cassidonia, cassidoine*, est un quartz agate de couleur blanche, laiteuse et quelquefois bleuâtre ou saphirine.

et *deulx po\<ées sur des pilliers en las d'amour*, vallant le tout cinquante-huit livres douze sols.

» Plus deux *grands va\<es jaspés* de trois livres la pièce, vallant six livres.

» Plus deulx moyens vazes de mesme eštofe avec six couppes de vingt-cinq sols pièce, vallant dix livres.

» Plus deulx vinaigriers de mesme estofe (1), à vingt-cinq solz pièce, vallant deux livres.

» Plus j'ay fourny pour cinq solz, foin et paille pour acommoder lesdits verres et trente-cinq solz qu'ay payé pour le port d'iceulx, le tout deux livres.

» Plus délivré à monsr d'Origny (2) le jour après que furent portés lesdits verres quatre verres tenantz environ deulx paintes, vallant vingt solz pièce, deulx aultres tenantz environ chopine, la pièce, de dix solz. Les deulx font quatre livres dix solz

» Plus délivré audit sieur d'Origny douze verres rafinés pour donner à quelquauttre personne, vallant quatre livres dix solz.

» Plus deulx aultres verres rafinés avec ung couvert, *ung cerf de cristal rafiné*, servant de vinaigrier, *ung poisson esmaillé, ung chien et ung panier* pour donner à Madame sœur du roy, vallant le tout cinquante-sept solz six deniers.

» Le 9me juillet 1622 j'ay envoyé à Mollains par Philbert

(1) *Vinaigriers jaspés*, c'est-à-dire imitant le jaspe, quartz jaspé. Dans la longue nomenclature des quartz jaspés il faut mentionner le jaspe sanguin, les jaspes rubaués, tigrés, arborisés, agatisés, fleuris. (*Glossaire* de M. Léon de Laborde.)

(2) M. Bardin d'Origny, procureur du fait commun de cette ville, qui, avec l'échevin François Moquot et vingt notables bourgeois, fut député pour aller saluer la reine à La Charité, le mardi 13 du mois d'août. — Voir dans les *Archives de Nevers*, par Parmentier (t. II, pages 175 à 179) le procès-verbal de l'entrée de la reine à Nevers, le 23 août 1622. Il avait été résolu que, attendu que Sa Majesté n'avait encore fait son entrée en cette ville, on lui en ferait une, la plus célèbre qu'il serait possible, et que toutes les solennités accoutumées seraient observées.

Girard (1) suivant l'ordonnance de messieurs les eschevains la quantité de vingtz-trois douzaines et demie verres de cristal rafiné, vallantz quatre livres dix solz la douzaine.

» Plus j'ay payé audit Girard pour sa peine d'avoir porté lesdits verres cent solz, à quoy il est demeuré d'accord avec mons^r Henry (2).

» Plus j'ay payé pour le foin et paille pour acommoder lesdits verres sept solz et dix solz pour des cordes.

» Le 15me jour dudit mois audit an, j'ay délivré à messieurs les eschevains, tant pour faire présent à monsieur le gouverneur qu'à plusieurs aultres personnes, la quantité de quinze douzaines verres rafinés, vallantz soixante-sept livres dix solz.

» Quelque temps auparavant j'ay délivré à deulx fois, pour monsieur Henry, une douzaine verres rafinés vallantz quatre livres dix solz.

» A madame Gueneaul (3) six verres rafinés vallantz deulx livres cinq solz.

» A madame Daurigny (4) une douzaine de mesmes verres vallantz quatre livres dix solz.

» Le 15e jour d'aoust audict an, délivré à Loricquet une douzaine *grandes bouettes à confitures* qu'il est venu demander au nom de madame Gueneaul, vallantz dix solz (5).

» Le dimanche 28e jour dudit mois d'aoust audit an,

(1) Ce Philbert Girard est souvent cité sur les registres de la paroisse. Aux baptêmes de ses enfants, c'est ordinairement un des gentilshommes verriers qui est parrain.

(2) Pierre Henry, premier échevin en exercice cette année.

(3) Sans doute la femme de Philbert Gueneau, avocat, quatrième échevin en l'année 1622.

(4) La femme du sieur Bardin d'Origny, précédemment cité.

(5) L'usage de présenter des confitures était très-fréquent. Le lendemain de l'arrivée de la reine à Nevers, M^M. les Échevins furent derechef faire la révérence à Sa Majesté, à laquelle ils présentèrent des confitures, comme aussi furent saluer Mme la princesse de Conti et Mme de Chevreuse, auxquelles ils présentèrent des confitures, etc. (PARMENTIER, *loco citato*.)

j'ay délivré à ung homme que messieurs les eschevains ont envoyé à Mollains (Moulins) trois douzaines *sarbacanes de plusieurs coulleurs, dorées et esmaillées* (1), pour porter à la Royne régnante dont y en avoit sept ou huict que j'ay faict esmailler aulx esmailleurs, vallant le tout dix-huict livres.

» Les parties cy dessus escriptes se montent à la somme de deulx centz quatre-vingtz-dix-neuf livres deulx solz six deniers. »

Au bas de ce mémoire si curieux se trouve la quittance du seigneur Horace Ponté, munie de sa grande et belle signature (2).

Nos verriers excellaient, on le voit, dans la confection de tous ces capricieux objets de luxe, devenus si rares de nos jours : verres de cristal raffiné, de toute grandeur, vinaigriers de cassidoine, grands et moyens vases jaspés, boîtes à confitures, sarbacanes émaillées, et toutes autres choses qui se peuvent faire de cristal, comme : chandeliers, tasses, bouteilles, burettes, bénistiers, esguières (3) ; puis ces beaux

(1) La *sarbacane* est un long tube au moyen duquel on lance quelque chose en soufflant. Les sarbacanes furent en grand usage à la cour de Henri III. De Thou raconte (livre LXXIV) que Saint-Luc, un des favoris du roi, se servit d'une sarbacane pour lui faire, pendant la nuit, des menaces au nom du ciel et l'arracher à ses désordres. La ruse fut bientôt découverte et Saint-Luc obligé de prendre la fuite. (*Dictionnaire historique des institutions, mœurs et coutumes de la France*, par Chéruel.)

(2) Arch. com. de Nevers. Pièces justificatives des comptes. CC. 291. — Tous les artistes qui habitaient Nevers avaient été mis à contribution pour cette solennelle entrée. Nous trouvons quatre peintres : Philippe Crétin, Jean Mayux, Jean de Dijon, Pierre Daguet, qui ont peint divers tableaux et écussons aux armes de la reine ; un brodeur, Michel Mambrun, qui reçoit 16 livres pour la façon du « poisle » de la reine, en velours bleu orné de cannetilles d'or et d'argent, etc., et jusqu'au maître boulanger, Gabriel Crosatier, qui reçoit 14 livres pour un « massepin » et une pyramide de sucre...

(3) *Revue du Lyonnais*, note de la page 280. Actes consulaires de Lyon dressés en 1665, BB. 28.

verres à aneaulx si gracieusement décorés, ces coupes garnies d'oiseaux, ce cerf servant de vinaigrier, toutes ces « jolivetez » enfin dont nous serions si heureux aujourd'hui de faire montre dans les vitrines de nos collections (1).

On nous saura gré, sans doute, de reproduire à la suite du mémoire d'Horace Ponté quelques extraits de la lettre déjà citée de M. Van de Casteele à M. Schuermans sur l'ancienne verrerie liégeoise. Dans les nombreux engagements contractés par les gentilshommes italiens venus pour travailler « à la

(1) M. Bouveault possède, dans sa riche collection, entre autres objets des plus curieux de la verrerie nivernaise à la façon d'Altare, un de ces gracieux *verres à aneaulx*. Nous reproduisons ici un gobelet de même genre, à boutons et anneaux, conservé au musée de Nevers (vitrine des émaux de Limoges), avec un ancien calice de verre et sa patène, trouvés en 1832, dans une tombe de pierre de l'église Saint-Genest. Au-dessous du gobelet, nous sommes heureux aussi d'offrir le dessin d'un magnifique vase à pied et à anses, découvert il y a quelques années par M. Charles Le Blanc-Bellevaux dans la commune de Bona, en Nivernais, et dont il a bien voulu nous adresser une photographie. Ce vase en verre blanc fut trouvé dans le jardin de l'ancien fief de Charry, au milieu de débris d'assiettes en faïence camaïeu et de fragments d'appliques en verre contourné en torsades. Peut-être faut-il voir là un spécimen de ces « vases à pied en verre » dont l'*Album du Nivernais* (t. Ier, p. 79) dit, à propos des anciennes verreries, que plus d'un auteur du temps en fait mention. M. Touchard-Lafosse, dans *la Loire historique, pittoresque et biographique* (t. II, p. 648), n'a pas manqué de reproduire cette indication, et l'érudit M. Schuermans, qui a réuni tant de documents sur l'histoire des verreries artistiques, citant aussi ces quelques mots dans sa quatrième lettre au comité du *Bulletin des commissions royales d'art et d'archéologie* (t. XXIII, p. 108), ajoute finement que « cette indication mettra sans doute M. l'abbé Boutillier sur la voie pour retrouver les auteurs cités, que j'ai, quant à moi, cherchés en vain ». A quoi je ne puis qu'ajouter que, moi aussi, jusqu'à ce jour, je n'ai rien trouvé, si ce n'est ce texte : *Sunt et officinæ vitriariæ in urbe, ubi vitra et vasa diversæ delectationis conflantur;* lequel texte, d'après l'*Album du Nivernais* qui nous le cite, en l'attribuant au quinzième siècle, serait tiré d'anciennes chroniques sur Decize. L'*Album* ne donne d'ailleurs aucun détail sur ces chroniques, sans doute manuscrites, et n'indique pas davantage entre les mains de qui elles sont conservées.

GOBELET A BOUTONS ET A ANNEAUX (Musée de Nevers)

VASE A PIED ET A ANSES (Appartenant à Mr Ch. Le Blanc-Bellevaux)

vénitienne » aux verreries de Liége, et que publie l'auteur, se retrouve en effet l'indication des principaux ouvrages artistiques de nos verriers : En 1650, *Antoine Meringoz* s'engage à faire toutes sortes de verres bien faits, tant pour servir au vin qu'à la bière (on a vu précédemment, page 122, *Paulo Mirengo*, à Nevers, en 1607); — Jean Rigoz fera « verres à quatre bouttons, deux bouttons et haulte olive »; — Francisco Santin met dans ses conditions « que, s'il convenait faire des verres extraordinaires, comme à serpent (1), et d'autres façons », on les lui payerait par journée en lui fournissant un garçon. — En 1655, Jean Ongaro, de Murano, fera des verres *à la façon des Altaristes* (nous soulignons ces mots pour bien rappeler que nos verriers étant tous Altaristes, les détails qui vont suivre nous intéressent plus directement), « comme verres à buck, à chaisnettes, à demy cotte et avecque des branches, verres à la bierre à ondes, à escharbotte, glacez et moullez, couppez az ondes, comme se font ordinairement »; — Paulo Maciolao fera « verres à quatre bouttons et les anses dessus, à la façon de Lille, et les verres à la bucque » et autres verres à la façon des sieurs Altaristes, « les couppes de diverses sortes, à la façon de Venise, des verres à fleurs, des verres avecque leurs couvertes à fleur, les verres à serpent. »

Plus loin il est encore fait mention des « basses couppes lisses, des couppes lisses à l'olive, des vers à trois boutons, des couppes à trois pillers et autres façons, des couppes toumassines à ung serpent et aultres sortes de verres extraordinaires ».

---

(1) Les « verres à serpent » sont sans doute ces verres à pied orné d'une sorte d'ailerons en filaments de verre recourbés, contournés et terminés en général par une tête surmontée d'une crête. C'est la forme qu'on rencontre le plus souvent sur les tableaux de l'école flamande et hollandaise. (Note de la page 11 de la lettre de M. Van de Casteele.) Pour les autres termes inconnus, nous renvoyons à la quatrième lettre de M. Schuermans, qui se termine par un *vocabulaire* auquel nous espérons bien faire encore de nombreux emprunts.

Mais poursuivons notre récit. Ce n'était pas cependant par cet unique commerce de la petite verrerie commune ou artistique, si étendu qu'il pût être, que nos verriers eussent atteint la grande prospérité que nous venons de constater.

Aussi habiles négociants qu'artistes distingués, Jacques Sarode et Horace Ponté, profitant de leur situation si favorable sur les bords de la Loire, firent également le trafic du *gros verre* ou *verre à vitre* blanc et de diverses couleurs, dont une fabrique importante paraît avoir existé dès le quinzième ou seizième siècle, dans les forêts du Morvand, au lieu dit Bois-Gizet, sur le territoire de l'antique paroisse de Savigny-Poil-Fol.

Les maîtres de cette grosse verrerie envoyaient leurs produits à la verrerie de Nevers, d'où les mariniers les voituraient jusqu'aux extrémités de la France ; aussi le nom de nos gentilshommes était-il connu bien au loin !

En 1643, un nommé Jacques Damen, qui travaillait aux verrières de la cathédrale d'Auch, ne pouvant se procurer des verres de couleur dont il avait besoin, adresse à MM. du Chapitre de ladite église métropolitaine, à *Aux*, une lettre curieuse où nous lisons : « Ces lignes serviront pour vous faire savoir que j'ay escrit en plusieurs villes les plus trafiquantes de la France pour recouvrer du verre de couleur et n'en ay point trouvé. J'ay parlé avec ces gentilshommes qui font le verre à La Prade, mais je n'ay pas ʃpeu avoir bonne responce d'eux et crois qu'ils ne sont point asseuré en leur faiᴛ ; mais un de leurs gens m'a adverti qu'on en pourra faire à la *verrière de Nevers*, où j'ay escrit au maistre gentilhomme qui fait le verre, qui s'appelle Charles de Hansé, et attends la responce. Si tost je l'auray reçue, je vous advertiray..... S'il vous plaisoit escrire à Nevers à ce gentilhomme qui fait le verre, comme vous avés des amis et crédit partout, vous ferés plus avecq une parolle que moy avecq de l'argent. Vous pourrés adresser vos lettres à Moulins en Bourbonnais, chez M. Mangin, marchand, pour les faire tenir à

M Charles de Hansé, au Bois-Gizi, paroisse de Savigni, à Nevers (1). »

Nous avons pu recueillir sur la verrerie de Bois-Gizet et les gentilshommes du nom de *Hennezel* ou *Hennezet* (qui, sans doute, se prononçait *de Hansé*) des documents si nombreux et si importants qu'ils feront l'objet d'un chapitre spécial.

Voici maintenant la fin de cette brillante période que l'on peut appeler la première époque de la verrerie nivernaise.

Les registres paroissiaux de Saint-Laurent et des différentes paroisses de la ville, autrefois couverts des signatures de « noble et sage personne Orasse Ponté, maître de la verrerie de Nevers et procureur fabricien de Saint-Laurent (2), de honnête femme ou noble damoiselle, ou encore scientifique damoiselle (3) Suzanne d'Albane. dame et maistresse des verriers (4) », — car toutes les familles des faïenciers et des émailleurs, la plupart aussi d'origine italienne, estimaient comme un honneur de faire tenir leurs enfants sur les saints fonts du baptême par les nobles maîtres de la verrerie, — ces registres commencent à faire silence.

Par une déplorable fatalité, les comptes de l'hôtel de ville et leurs pièces justificatives manquent aux archives, de 1629 à 1688.

Une dernière fois, Horace Ponté est cité, le 28 octobre 1645, sur un acte des verriers de Bois-Gizet; et c'est cette année même qu'il meurt, sans que nous en trouvions d'ailleurs aucune mémoire officielle. Dès le 13 octobre 1635, Horace Ponté et sa noble compagne s'étaient fait don mutuel

(1) *Agonie de la peinture sur verre*, par M. l'abbé Canéto. (*Annales archéologiques*, tome X, page 30.)
(2) Acte du 9 septembre 1630, où il est parrain avec damoiselle Etiennette Brisson, femme de noble Jean Dupuis, médecin de Son Altesse de Manthoue, d'une fille de Vincent Doyard, maître serrurier de la ville, et de Claire Godin.
(3) Acte du 27 août 1609, paroisse Saint-Sauveur.
(4) 17 janvier 1633, paroisse Saint-Arigle.

de tous leurs biens par-devant les notaires Taillandier et Casset. De même, le 18 janvier 1646, Suzanne d'Albane, veuve d'Horace Ponté, et Catherine Ponté, aussi veuve de noble Laurent Bertholus, vivant maître de la verrerie de Chalon-sur-Saône (1), demeurant de longtemps en cette ville de Nevers, au logis de la verrerie, n'ayant aucuns enfants de leurs mariages, pour l'amitié qu'elles se portent, secours et assistance qu'elles se sont toujours rendus, se font donation pure, simple et irrévocable, au dernier survivant, de tous leurs biens, tant meubles qu'immeubles, voulant qu'après le décès de la prémorante, la survivante en demeure propriétaire comme de sa chose, à la seule charge des frais funéraux, des services et aumônes comme la survivante avisera (2). Tout entière à sa douleur, et d'ailleurs fort riche, Suzanne d'Albane abandonne donc la fabrication. Alors se produit un temps d'arrêt qui pouvait être le signal de la chute définitive de cette industrie et qui l'eût été sans l'affection des princes de Gonzague pour leur ville de Nevers.

Deux années à peine écoulées, la verrerie va renaître et briller d'un nouvel éclat.

(1) Cette indication si intéressante rappelle la note de la page 29, où l'on mentionne Thomas Bartholus, gentilhomme verrier à Rouen en 1598.

(2) Cet acte des minutes Casset est revêtu des belles et grandes signatures de Suzanne d'Albane et Catherine Ponté.

I *Giovani castelano*

II *Bernardino prose*

III

1 Azur à une Tour d'Argent surmontée d'un Aigle d'Or.

IV *jian castellan*

V *michel Castellan*

I.II _ Signatures de GIOVANI CASTELLANO et BERNARDINO PERROTTO
à leur arrivée à Nevers.

III _ Armoiries des CASTELLAN, d'après l'Armorial de d'Hozier.

IV.V _ Signatures de JEAN CASTELLAN, et de son fils MICHEL d'après
les actes de l'Etat Civil de Nevers.

CHAPITRE III.

— —

DEUXIÈME ÉPOQUE.

——

LES CASTELLAN.

(1647-1726.)

——

La princesse Marie de Gonzague écrit aux échevins de Nevers pour
leur recommander Jean Castellan qui vient, avec son neveu Bernard
Perrot, rétablir la verrerie ; — Jean Castellan était déjà maître de la
verrerie de Liége en 1638 ; — Bernard Perrot s'en va fonder une
verrerie à Orléans ; il obtient de Louis XIV, en 1688, un brevet
d'invention pour un nouveau moyen de couler le cristal en table ;
— dès 1661 Jean Castellan s'était fait concéder, à la faveur du cardinal Mazarin, le privilége de la vente de tous ses ouvrages de
cristal et de verre raffiné, pendant trente années, depuis Nevers
jusqu'à Poitiers, à l'exclusion de tous autres marchands ; — Jean
Castellan meurt en 1670 ; son fils Michel lui succède, avec son
beau-frère, Marc de Borniol, époux de Marie Castellan ; — dernières
années de Suzanne d'Albane, veuve d'Horace Ponté ; ses fondations
pieuses, son testament en 1666, sa mort ; — quelques épisodes de
la vie intime des verriers ; — Michel Castellan, seul maître de la
verrerie depuis 1685, meurt en 1721, âgé de soixante-seize ans ; —
sa veuve, Marie Gentil, continue la fabrication, puis l'abandonne
en 1726.

Nous avons raconté, dès les premières pages de cette
histoire, comment le duc Louis de Gonzague avait été le
véritable initiateur des verreries de cristal, à la façon de
Venise, dans son duché de Nivernais.

Depuis ce temps, soixante et quelques années à peine ont
passé, pendant lesquelles deux générations d'artistes se sont
succédé dans une merveilleuse union ; mais soudain, en
frappant Horace Ponté, le neveu du premier de nos verriers

VIII

Jacques Sarode, la mort a jeté le désarroi dans cette communauté, et la verrerie est tombée...

Cependant l'œuvre de Louis de Gonzage ne périra pas encore, et c'est sous le patronage de ce nom si glorieux pour la cité nivernaise, qu'une seconde fois va s'établir en notre ville cette noble industrie.

Le duché de Nevers était alors entre les mains de la princesse Marie, tutrice du jeune prince Charles II, petit-fils de Louis de Gonzague. Laissant à son neveu les possessions d'Italie, elle avait pris plus spécialement le titre de duchesse de Nivernais, et s'en était fait donner le gouvernement par le roi. Femme accomplie d'ailleurs, et vraiment digne de son illustre ancêtre, sa cour, soit à Nevers, soit à Paris, était, disent les chroniques, le rendez-vous de tous les beaux-esprits du temps (1), et rien de ce qui devait contribuer à l'honneur de son duché n'eût pu la trouver indifférente.

De Mantoue, où elle résidait, auprès de l'enfant qui avait nom le prince Charles, nous ne sommes donc pas surpris de la voir adresser aux échevins de Nevers, le 5 avril 1647, cette épître vraiment princière et quasi royale :

« Marie, duchesse de Mantoue et de Montferrat, tante et curatrice de Charles second, par la grâce de Dieu duc de Mantoue et de Montferrat, de Nivernois, Mayenne et Rethellois, pair de France, prince souverain d'Arches, etc.

» Très chers et bien améz, le soing que nous avons de nos subjectz et le désir de les soullager en toutes les occasions le mieux qu'il nous est possible nous fait escripre la présente pour vous recommander Jean Castellan, ung de nos subjectz de la du Tanar, lequel vient en notre ville de Nevers pour faire travailler dans la verrie (2).

(1) De Saintemarie, *Recherches historiques sur Nevers*, p. 236.
(2) Le Montferrat se divise en Haut et Bas ; le Haut-Montferrat s'étend de la droite du Tanaro jusqu'à l'Apennin. le second va du

» Nous aurons beaucoup de contentement sy, en nostre esgard, vous ne luy permettez pas le payement des contributions. Car, oultre cela, vous contribuerez encore *aux intentions du duc Ludovic, de glorieuse mémoire,* lequel a donné encore des exemptions à ceux qui feront travailler dans ladite verrye, comme ledit Castellan suppose.

» Sur quoy, nous assurant de votre bonne volonté, nous prions Dieu, nos chers et bien aiméz, qu'il vous ayt en sa sainte et digne garde (1). »

En même temps que cette lettre arrivait à Nevers le sieur Castellan, et le 5 août de la même année 1647, dans l'assemblée du conseil de ville, Jean Moquot, avocat en Parlement, conseiller et maître des comptes de Son Altesse de Mantoue, donnait lecture de la lettre qu'il dit avoir reçue de Madame en faveur de Jean Castellan, verrier, pour rétablir *la verrie* et l'exempter des contributions, lui et ceux qui feront travailler dans ladite *verrye*, « comme estant ung ornement à la ville et que beaucoup d'artisans pourront gagner leur vie. »

Ledit Castellan se présentait ensuite pour demander de faire entendre l'intention de ladite Altesse, offrant de délivrer tous les ans pour cet effet, à la communauté de cette ville, « trente douzaines de verres de cristal raffinés, pour faire des présents à ceux qu'il sera advisé, qui rendront des services à

Tanaro aux rives du Pô. Par cette expression : *Un de nos sujets d'au-delà du Tanar,* la duchesse indiquait donc non-seulement un de ses sujets du Montferrat, mais encore, d'une façon plus précise, un de ses sujets du Haut-Montferrat. Or, *Altare,* pays d'origine de Jean Castellan (nous le verrons plus tard), est bien précisément situé dans le Haut-Montferrat.(Note communiquée de Cannero, le 21 décembre 1881, par notre collègue M. Chevalier-Lagenissière, aujourd'hui juge d'instruction à Chalon-sur-Saône.)

(1) A Mantoue, le cinquiesme apvril l'an mil six cent quarante-sept.

Ainsy signé : *Marie,* et plus bas : *Magnus.* (Archives communales de Nevers. Délibérations. BB. 24, folio 136.)

ladite ville, à raison de 4 sols pour chacun verre de cristal, qui revient par douzaine à la somme de 48 sols » ; mais observant d'ailleurs que, cessant ladite exemption, il ne se voudrait établir en cette ville, attendu même que ceux qui ont travaillé auparavant à ladite verrye avaient eu l'exemption de nos princes de Nivernais.

Le 8 août suivant, à la pluralité des voix, il était résolu, dit le procès-verbal du greffier de l'hôtel de ville, que « pour obéir au commandement de Son Altesse nous consentirons l'establissement de ladite verrye sous le nom dudit Castellan, de Bernard Perrot et autres gentilshommes verriers, lesquels demeureront exempts de la subsistance qui s'impose par chacun an en cette ville ; même la damoiselle d'Albane, femme du sieur Horace Ponté, demeurera par chascung an aussi exempte de ladite subsistance, à commencer cette année, en considération qu'elle consentira l'establissement de ladite verrye dans sa maison, comme aussi la damoiselle Ponté, sœur dudit défunt, demeurera exempte de ladite subsistance », et aussi les feront tous décharger du logement des gens de guerre et autres contributions.

On ne pouvait consentir de meilleure grâce aux vœux de la princesse Marie et aux désirs de Jean Castellan.

Toutes choses étant donc réglées avec les échevins, Jean Castellan et Bernard Perrot, qui avaient fait entre eux un contrat d'association pour « le traffict » de la verrerie de Nevers, reprirent toutes les opérations de leurs devanciers.

Il est à remarquer que la famille Castellan, — comme les Sarode et les Borniol, et les autres gentilshommes verriers d'Altare, — avait déjà quitté son pays d'origine avant de se fixer à Nevers.

M. Schuermans, premier président de la cour d'appel de Liége, nous apprend, en effet, d'après les *Archives héraldiques du héraut d'armes Lefort, au dépôt de l'État*, qu'en 1638 Jean Castellan et Joseph, son frere, étaient déjà établis à Liége avec d'autres Altaristes. Jean s'y trouvait encore, en 1645, comme associé de son frère. M. Schuermans

observe que chacun des deux frères a fait souche, l'un à
Liége, l'autre à Nevers, puis il se demande et explique de la
manière la plus intéressante d'où ces relations entre Liége et
Nevers :

« Altare, je l'ai déjà dit, faisait partie du marquisat de
Montferrat, apanage des ducs de Mantoue de la maison de
Gonzague, et ceux-ci, depuis le seizième siècle, possédaient
en outre le duché de Nevers, plus Rethel en Champagne,
par suite du mariage d'un Gonzague avec une princesse de la
maison de Clèves.

» Clèves est une contrée voisine du pays de Liége ; les
ducs de Clèves avaient le titre et exerçaient les fonctions de
protecteurs d'Aix-la-Chapelle, jusqu'où s'étendait le diocèse
de Liége.

» Le duc de Nevers possédait différentes terres en Flandre,
c'est-à-dire aux Pays-Bas, autre contrée voisine de la prin-
cipauté de Liége et, en outre, l'union entre la famille de
Clèves et celle de Gonzague avait apporté à celle-ci les terres
souveraines d'outre-Meuse... (1) »

Le 23 juin 1651, le terme du contrat entre Jean Castellan
et Bernard Perrot étant expiré, d'un commun consentement
ils le continuèrent pour trois années, aux mêmes clauses et
conditions, s'obligeant l'un envers l'autre à son exécution.
Pour plus de solennité, cet acte fut rédigé en double forme,
française et latine, et les deux actes signés : *Giovani Castelano, Bernardino Perroto* (2).

(1) *Verres fabriqués aux Pays-Bas à la « façon de Venise » et
« d'Altare ».* Quatrième lettre au comité du *Bulletin des commissions
royales d'art et d'archéologie*, page 102 dudit *Bulletin*, tome XXIII.

(2) Voici le texte de l'acte latin :

« Hodie vigesima tertia mensis junii anno millesimo sexcentesimo
quinquagesimo primo post meridiem apud me Philippum Michel
notarium Niverni in Gallia residentem, præsentes fuerunt Johannes
Castellan et Bernardo Perrot nobiles vitriarii artifices ex Italia orti,

Cette année faillit être fatale au nouveau maître de la verrerie.

Le 8 septembre 1651, étant au lit malade, sain toutefois d'esprit, le seigneur Jean Castellan faisait son testament et ordonnance de dernière volonté :

Après avoir recommandé son âme à Dieu, à la très-glorieuse et sacrée vierge Marie, à monsieur saint Jean, son patron, et à tous les saints et saintes de Paradis, les priant d'être ses intercesseurs devant la sainte Majesté de Dieu, afin qu'il lui plaise lui pardonner ses fautes, offenses et péchés, et le rendre participant de son saint royaume céleste, il déclare qu'après qu'il aura plu à Dieu séparer son âme de son corps il veut être porté et ensépulturé en l'église des révérends Pères Jacobins de cette ville, auxquels il donne la somme de 75 livres tournois pour une fois, à condition par lesdits Pères de lui faire dire une grand'messe des trépassés (1).

Le testateur donne encore à d'autres établissements pieux, en Italie, pareilles sommes pour semblables services, déclarant d'ailleurs qu'il s'en rapporte, « pour lui faire ledit honneur », à la volonté et discrétion de *Marie Ponté*, son épouse, à laquelle il donne tous ses biens meubles et conquests et ceux qui font partie de son héritage ancien, dont il veut et entend qu'elle demeure usufruitière sa vie durant.

in dicta urbe nunc commorantes qui, pura mente, mutuo agnoverunt, contractus societatis coram Julio Rolan notario ad dictæ urbis vitriariæ negociationem vicissim stipulati diem clapsum fuisse, quem tamen, mutuo concessu, ad tres annos, iisdem clausis et conditionibus dicti contractus continuaverunt, et se suaque omnia mutuo ad presentium exequtionem obligaverunt. Factum Niverni die et anno supra scripto presentibus domino Johanne Morin, diacono diœcesis Nivernensis, et Johanne Landard, chirographo, testibus Niverni residentibus, qui necnon et dictis Castellan et Perrot subsignaverunt. »

(Archives des notaires de Nevers, minutes Michel. — Communication de M. de Laugardière.)

(1) On sait que les frères des écoles chrétiennes occupent aujourd'hui les dépendances de l'ancien couvent des Jacobins, en face de l'ancienne verrerie.

Enfin, il lègue aussi à ladite Ponté, son épouse, outre ce que dessus, la somme de 100 pistoles d'Espagne, sans que ses enfants y puissent rien prétendre, en considération de la grande amitié qu'il lui porte et à cause des services qu'elle lui a rendus et rend journellement (1).

Arrêtons-nous un instant ici à ce nom de *Marie Ponté*, qui nous rappelle la mémoire du successeur de Jacques Sarode. Horace Ponté, en mourant, n'avait laissé, avec sa noble veuve, qu'une sœur, Catherine, qui toutes deux, au lieu de retourner en Italie, voulurent demeurer dans leur patrie d'adoption. Mais il lui restait à Altare, au pays de Montferrat, un frère, Barthélemy Ponté, et une jeune sœur, Marie qui, le 16 juin 1626, avait épousé, en l'église Saint-Eugène dudit Altare, le seigneur Jean Castellan, fils de Guillaume (2).

A la nouvelle de la maladie de son beau-frère, Barthélemy

---

(1) Archives des notaires, minutes Vincent.

(2) Extrait des actes de mariage de la paroisse *S. Eugenii loci Altaris*. (Communiqué par M. Chevalier-Lagenissière, d'après une copie de M. le chevalier don Joseph Bertolotti, archiprêtre d'Altare.)

M. de Flamare, archiviste de la préfecture, nous a aussi communiqué les pièces provenant du *présidial* de Saint-Pierre-le-Moûtier, relatives aux *informations* faites, le 20 septembre 1663, — par-devant Jacques Gascoing, lieutenant général audit bailliage et siége présidial, s'étant à cet effet transporté à Nevers, au logis où pend pour enseigne *le Daulphin*, — pour les lettres de *naturalité* obtenues par *Marie Porté*, femme de Jean Castellan, alors âgée de cinquante-quatre ans, et ses enfants : *Michel Castellan*, âgé de seize ans, travaillant en la verrerie depuis douze ans que sa mère l'y amena ; *Marie Castellan*, âgée de vingt-deux ans, aussi demeurant en cette ville depuis douze ans et mariée depuis cinq ans avec *Marc de Bourgniolle*, gentilhomme verrier au pays de Dauphiné, dont elle a eu deux enfants : Antoine, âgé de trois ans et demi, et Nicolas, de vingt mois. Les dépositions des quatre témoins assignés, savoir : Philippe Bardot, marchand apothicaire ; Jean Monin, curé de Saint-Laurent ; Guillaume de France et Jean Robelin, notaires royaux, sont à peu près identiques et ne nous apprennent d'ailleurs rien que nous ne sachions déjà ou qui ne doive être rapporté dans la suite.

Ponté était accouru à Nevers; et le 2 octobre 1651 Jean Castellan reconnaît avoir reçu dudit Barthélemy, écuyer, seigneur des Rochers, demeurant au chastel de Montferrat, de présent à Nevers, 115 ducatons en espèce de pistoles d'Espagne, du poids et prix de l'ordonnance, lesquels restaient à payer à cause de la dot de Marie Ponté, son épouse, fille de feu Filimon Ponté, suivant leur contrat de mariage. Ledit acte passé en présence de Jean Carbon, manœuvre, François Bousson et Charles Musse, verriers, lesquels, à l'exception de la demoiselle Ponté et dudit Carbon, ont ainsi signé: *Giovani Castellano, Bartolomo Ponté, Carlo Mussi, Francescho Buzoné* (1).

Voici donc trois noms nouveaux à ajouter à ceux du noble maître Jean Castellan et de son associé Bernard Perrot.

Dans le même temps on rencontre aussi un verrier du nom de Seguran Audasse, *Segurano Odacio*, qui signe le 23 octobre 1655 en qualité de parrain d'un fils de Jean Custode, fayencier (2).

Le mariage de Marie Castellan, fille du maître de la verrerie, avec *Marc de Borniol*, écuyer, sieur des Rochers, natif de Dauphiné, proche la côte de Saint-André, actuellement travaillant dans la verrerie de Nevers, fils de feu Roch Borniol, écuyer, aussi gentilhomme verrier, et de Catherine *Bousson* ou *Buysson*, nous fait connaître encore de nouveaux noms. Parmi les témoins du contrat de ce mariage, passé le 3 septembre 1658, se rencontrent, outre Barthélemy Ponté, oncle maternel de la future: Michel Castellan, cousin germain du marié; Baptiste de Coste, écuyer, sieur de Baramond, pays d'Italie (3); Thomas de Barbiers, écuyer, sieur de Limonty, tous travaillant en ladite

(1) Archives des notaires de Nevers, minutes Vincent. — Voir dans le chapitre précédent la note 3 de la page 29, relative à un autre *Bussone* ou *Buxono*, prénommé *Doardo*.

(2) Registres de la paroisse Saint-Laurent aux archives du greffe.

(3) Archives de la préfecture de la Nièvre, série E. 268 (ancien classement).

verrerie, lesquels signent : *Batiste de Costa, Thomas de Barberio* (1).

Or, il est à remarquer qu'on ne rencontre plus., depuis plusieurs années déjà, sur aucun acte, le nom de Bernard Perrot. Avait-il refusé de renouveler, après les trois années expirées, le contrat de 1651 ? Etait-il retourné en Italie ?

Tandis que cette pensée nous préoccupait, nous reçûmes fort à propos une lettre tout particulièrement intéressante d'un membre de la Société archéologique de l'Orléanais, M. l'abbé Cochard. « Je m'occupe, nous disait ce savant confrère, d'un gentilhomme verrier qu'un de nos historiens dit être originaire d'Orléans, mais que je crois appartenir au Nivernais. Je veux parler de Bernard Perrot, qualifié d'écuyer, sieur de Beauvoir, intendant de la verrerie royale d'Orléans, et neveu de Jean Castellan, maître de la verrerie de Nevers... Je voudrais, ajoutait-il, pièces en main, réhabiliter Bernard Perrot devant le monde savant et le monde industriel comme le véritable inventeur du coulage du verre. »

Bernard Perrot s'était donc séparé de son oncle, et par ce besoin d'extension que nous avons déjà remarqué dans les familles de nos verriers, il avait obtenu des lettres de Louis XIV lui permettant de s'établir où bon lui semblerait, puis, du consentement du duc d'Orléans, il s'était fixé dans cette ville, et Jean Castellan lui avait concédé la jouissance du privilége en vertu duquel il pouvait seul transporter ses verreries entre Nevers et Poitiers (2).

(1) Un acte déposé dans les minutes *de France*, aux archives des notaires, en date du 4 mai 1659 nous apprend que ce Baptiste de Coste, pour l'amitié et affection qu'il porte à demoiselle *Marie du Buysson*, sa mère, veuve de défunt Baptiste de Coste, son père, a créé et constitué ladite damoiselle, et tous autres ainsi qu'elle avisera, pour se mettre en possession de tous les biens meubles et immeubles qui lui appartiennent tant par succession que autrement, assis dans le pays d'Italie, au préjudice de toutes personnes autres; vendre, accenser, affermer et disposer de tout ainsi que bon lui semblera, etc.

(2) Nous laissons à notre confrère d'Orléans le soin de retracer l'histoire des gentilshommes verriers de la famille *Perrotto*; mais on

On sait que malgré les témoignages des écrivains les plus
sérieux, qui s'accordent à attribuer l'invention du coulage
du verre à un certain Abraham Thevart, ou plus généralement encore à un ouvrier verrier, Louis Lucas de Nehou,
dont le nom a été gravé récemment sur le marbre à Saint-
Gobain, comme fondateur de cette grande fabrique de glaces,
la première qui soit au monde, néanmoins il reste encore
des doutes sur le nom du véritable inventeur. Il ne nous
appartient pas de traiter ici cette grande question et de révéler
les documents si précieux et inédits sur lesquels s'appuie
M. l'abbé Cochard; nous pouvons cependant, avec son agré-
ment, faire connaître déjà l'existence de lettres-patentes du
25 septembre 1688, par lesquelles Louis XIV, voulant
récompenser ledit Bernard Perrot de la nouvelle invention
qu'il a trouvée de pouvoir *couler le cristal en table comme
les métaux...*, de grâce spéciale et pleine puissance, lui
permet, à l'exclusion de tous autres, de couler le cristal en

nous saura gré peut-être de faire connaître cet acte si intéressant,
extrait des minutes du notaire *de Villars*, et qui nous a été communiqué par M. de Laugardière :

« Du 4 décembre 1659, *Jouan-Anthoine Massard*, gentilhomme
verrier, fils de Joseph Massard, écuier, du lieu de l'hôtel de Montferrat, en Italie..., de son gré et bonne volonté, constitue et assigne sur
tous ses biens meubles et immeubles et spécialement sur une métairie
étant au pays de *Querre (Cairo)*, plus, sur la maison de l'hôtel qui a
pour confins *Paul Raquette*, d'autre la maison *Thomas Perrotto*..., —
à noble *Gaspard Perrot*, écuyer, natif de l'hôtel du pays du prince de
Mantoue, étant de présent en cette ville de Nevers, pour lui, sa femme,
enfants et ayants-cause, à savoir . un ducaton et demi d'argent, monnaie d'Italie, qui est six pour cent d'annuelle et perpétuelle rente,
payable chacun an, à chaque quatrième jour de décembre, le premier
terme commençant au 4 décembre 1660, tant et si longuement que
ledit seigneur Massard sera y demeurant. La présente vente et consti-
tution faite moyennant la somme de 25 ducatons, bonne monnaie
d'Italie, valant 8 pistoles un tiers monnaie de France, que ledit seigneur Perrotto a présentement payée comptant en mains dudit seigneur
Massard. Signé : *Giano-Antono Massaro*. — *Gasparo Perotto*.

tables en la manière qu'il jugera à propos... et proroge pour dix années son privilége.

On sera peut-être curieux aussi d'entendre, sur une question qui peut soulever des tempêtes, les explications techniques de l'honorable et docte président de l'association des verriers d'Altare, M. Enrico Bordoni, auquel nous avions fait part de cette découverte :

« En admettant, par hypothèse, que Perrotto soit l'inventeur du coulage, ce secret il ne l'aurait pas importé d'Altare, parce qu'ici les glaces se travaillaient avec le système vénitien, c'est-à-dire avec le *soufflage*. Même ce genre de travail inconnu à nos anciens fut précisément la cause que, sur les instances de Charles III, duc de Mantoue et de Montferrat, le consulat de l'art décida d'accepter dans son sein les diverses familles vénitiennes et muranaises qui, de nos jours encore, font partie de la corporation des verriers altarais. Seulement, il faut noter que l'étude d'une telle invention a pu avoir pour origine la méthode employée par nos anciens de *couler* les petites *plaques (piastrelle)* qui servaient de vitres dans les églises. Nos anciens avaient l'habitude de prendre dans le creuset, avec la *canne* (1), une quantité de verre que de suite ils laissaient couler sur une plaque de fer bien polie, puis, avec une palette de bois, ils écrasaient ce verre liquide, de

(1) *Histoire d'un morceau de verre*, par Jules Magny, chapitre IV : *Une excursion dans une verrerie.* — Un gamin (cette désignation, qui n'a rien d'injurieux, s'applique aux enfants qui servent d'aides à l'ouvrier verrier), trempe dans le creuset qui renferme le verre fondu une tige de fer appelée *canne*. C'est un tube creux, semblable à un canon de fusil, terminé à l'une de ses extrémités par une partie un peu renflée qu'on appelle le nez. Selon les pièces à façonner, les dimensions de la canne varient entre un et trois mètres. En retirant sa canne du creuset, le gamin amène en même temps une petite masse de verre pâteux et incandescent adhérente au nez de la canne ; il la roule sur une table en marbre ou en fonte, de façon à lui donner une forme un peu symétrique : cette opération s'appelle *parer le verre*, etc.

manière à le rendre le plus mince possible et en même temps lui donner une forme carrée ou ronde plus ou moins précise.

» *Qui sait si notre Perrotto , en suivant l'idée de couler les piastrelles , n'a pas étudié la méthode de couler toute la quantité de verre fondu que contient le creuset ?*

» Comme vous pouvez facilement le comprendre, je ne fais là que de simples inductions qui ne se basent sur aucun document historique et qui n'ont tout au plus leur raison d'être que parce que les historiens de l'art de la verrerie ne sont pas encore d'accord sur la question d'établir à qui l'on doit attribuer le mérite de l'invention du coulage du verre. »

Suivent des encouragements à notre érudit confrère, pour publier des documents qui peuvent rendre un *véritable service* à l'histoire, avide de combler une regrettable lacune, et qui *feraient rejaillir une gloire enviable sur la corporation des verriers altarais.*

Revenons à la verrerie de Nevers, qui recommençait à multiplier ses produits et les répandait sur tout le littoral de la Loire. Les minutes des notaires renferment en effet quantité d'obligations envers noble homme Jean Castellan, consenties par Jehanne du Moutyé, par Hubert Giron, marchands, demeurant à Orléans, paroisse Saint-Donatien ; par Toussaint Symon, demeurant à Faizanne en Brye, auprès de Villenault, paroisse Saint-Denis ; par Anne Poinet, veuve de Sébastien-Louis Fert, autre marchande, demeurant à Orléans, paroisse de Notre-Dame-de-Bonne-Nouvelle, etc., pour cause de vente et délivrance de marchandises de verrerie faites par ledit sieur (1).

D'autre part, on retrouve les nombreux et importants marchés passés entre ledit maître Castellan pour ses achats de bois ; et pour n'en citer qu'un : Le 10 mai 1651, honorable homme Nicolas Pinet, marchand, bourgeois, et

(1) Archives des notaires de Nevers, minutes de France, 1656-1659.

Claude Ségault, demeurant à Nevers, s'engagent à livrer sur le port de cette ville tout le « bois de mosle » qui se trouvera être fait dans la paroisse de Saint-Oing, à la réserve de 60 milliers, laquelle livraison sera faite, savoir : 150 milliers dans le jour et fête de Noël prochain et davantage, si faire se peut ; le surplus, à la fête de saint Jean-Baptiste venant en un an, moyennant le prix de 9 livres 10 sols pour chacun millier (1).

Bientôt les bâtiments de l'ancienne verrerie ne suffisant plus, Jean Castellan s'adresse au duc de Nevers, son protecteur, lui exposant que pour faire valoir la verrerie « qui sert d'ornement et décoration » à cette ville, il est dans la nécessité de prendre bail d'une grange proche les écuries du château, pour y construire un fourneau ; sur quoi Charles II, voulant favorablement traiter ledit Castellan, ses hoirs et ayants-cause, consent, par brevet du 3 janvier 1657, qu'ils en jouissent à raison de 15 livres par chacun an, payables entre les mains du receveur général du duché pendant l'espace de quatre-vingt-dix-neuf ans (2).

Cette même année (15 septembre 1657), la veuve d'Horace Ponté, Suzanne d'Albane, qui avait consenti au rétablissement de la verrerie dans son magnifique hôtel et, pour ce fait, avait été par les échevins exempte de toutes les charges et contributions de la ville, fit un nouveau contrat d'accense au sieur Jean Castellan, pour le temps de six années continuelles et consécutives qui commenceront au 20 juillet prochain 1658 et finiront à pareil jour de l'année 1664 : C'est à savoir, y est-il dit, *la maison en laquelle de long temps est establie la verrerie de ceste ville de Nevers, en la rue de la Tartre*, comme elle se contient et comporte avec les aisances et appartenances d'icelle ;

Plus une autre maison en ladite rue et joignant icelle ci-dessus, appelée *la maison Thiéry*, et encore une autre

---

(1) Archives des notaires, minutes Batailler.
(2) Archives de la préfecture, série B. 264.

petite maison ayant son issue en la rue des Furniers, appelée *la maison Forest*, lesdites deux maisons à présent unies et annexées à la verrerie, le tout à ladite damoiselle d'Albane appartenant, etc., et tout ainsi qu'en a ci-devant joui ledit sieur Castellan audit titre d'accense ;

Plus jouira ledit Castellan pendant le temps de six années et même l'année présente, d'une chambre et cabinet dans le logis neuf, appartenant à ladite damoiselle, à la réserve toutefois de la grande chambre qui regarde sur la rue de la Tartre, d'une autre chambre plus bas qui a sa vue sur la cour de la maison de la verrerie, etc., desquelles ladite damoiselle s'est réservée la jouissance pour son usage et demeure, et de damoiselle Catherine Ponté.

Le présent bail était fait moyennant le prix et somme de 300 livres par chacun an, payable par demi-année ; ladite damoiselle promettant de son côté d'acquitter les cens et rentes foncières dus sur les maisons.

Il était aussi stipulé expressément qu'au cas que pendant ladite accense tant la damoiselle d'Albane que le sieur Castellan, au préjudice des priviléges concédés aux gentils-hommes verriers par les rois de France et confirmés de temps en temps, fussent cottisés et imposés à aucuns rôles, contributions, subsistances et autres charges de ville ; du jour de la signification du commandement de payer telles taxes, le présent bail et accense demeureraient résolus, en payant toutefois par ledit sieur Castellan les loyers jusqu'audit jour (1).

Il semblerait qu'il y eût dans les années suivantes quelque ralentissement dans les productions de la verrerie, puis quelque découragement de la part de Jean Castellan, si l'on s'en rapporte au texte des lettres-patentes qu'il sollicita et obtint de Louis XIV, le 20 avril 1661. Ces lettres renferment d'ailleurs des détails très-curieux sur la personne même de Jean Castellan et sur son industrie.

(1) Archives des notaires, minutes Décolons.

On y lit, en effet, que ledit maître, fils de Guillaume Castellan, natif d'un gros bourg nommé Altare, pays de Montferrat, a employé plusieurs années dans les pays étrangers à la recherche de la composition des matières propres à la verrerie et pour les émaux, et qu'il y aurait acquis, par une longue expérience, tant de perfection, qu'il travaille *des ouvrages de cristal et de verre raffiné aussi beaux que ceux qui ont le plus d'estime et qui se fabriquent parmi les étrangers*, en considération de quoi le feu duc de Nevers l'avait, du consentement des habitants, appelé dans cette ville dès l'année 1647, où il aurait entrepris, à grands frais, le rétablissement de la verrerie, ayant, pour cet effet, fait venir d'Italie plusieurs gentilshommes verriers à ses dépens... Mais les grands frais qu'il lui avait convenu de faire et le peu de débit qu'il faisait de ses ouvrages dans la ville et lieux circonvoisins lui rendant son travail inutile, il aurait fait dessein de se retirer, ce qui avait été empêché par l'ordre du cardinal Mazarin, favorisant l'excellence de l'art dudit Castellan, et qui lui fit continuer par les habitants ses exemptions et priviléges. Comme donc il serait nécessaire audit Castellan, pour empêcher que son travail ne lui fût préjudiciable, d'avoir la liberté de transporter ses ouvrages aux foires et marchés publics du royaume, et particulièrement en lieux qui sont sur la rivière de Loire, depuis Nevers jusqu'à Poitiers, à l'exclusion de tous autres marchands, le roi consent que le transport et la vente de tous les ouvrages de verrerie lui soient permis pendant trente années, auxdits lieux, à l'exception toutefois des *verres de Venise et des verres de fougère verte qui n'auront été mis en couleur*, lesquels peuvent être débités et vendus dans toute l'étendue du royaume en la manière accoutumée.

Avant de procéder à l'entérinement desdites lettres royales, la cour de Parlement en avait ordonné le communiqué aux maîtres de la verrerie de Paris et autres proches de la ville de Nevers pour donner leur avis. En conséquence, Hugues Dubouchet, écuyer, sieur de la Gratelle, et Adrien Dubouchet, aussi écuyer, son frère, maîtres de la verrerie de Roussillon (1), et Eustache Le Maréchal, écuyer, sieur de la Grange, gentilhomme ordinaire de Mgr le duc d'Orléans, maître et propriétaire de la verrerie de Paris, déclarèrent mettre opposition auxdites lettres, et que ledit Castellan ne puisse vendre ni débiter, par lui ni par d'autres, aucuns verres dans la ville de Paris ni dans les trente lieues à la ronde, et qu'il soit débouté de l'effet et de l'entérinement desdites lettres.

Néanmoins, le 13 juillet 1662, le Parlement ordonnait que les lettres du roi seront registrées au greffe de la cour, pour jouir ledit Castellan des priviléges qui y sont contenus, sans qu'il puisse empêcher lesdits Dubouchet, etc., de vendre et débiter leurs marchandises partout où bon leur semblera.

Ces lettres-patentes furent encore confirmées le dernier septembre 1665.

Déjà, en 1658, lors du mariage de sa fille avec Marc de Borniol, aussi gentilhomme verrier, dans la crainte qu'ils ne vinssent à quitter Nevers et à établir dans le voisinage une autre verrerie, Jean Castellan, pour s'assurer le monopole, avait fait spécifier sur le contrat que les futurs demeureraient en la verrerie l'espace de six ans, et qu'ensuite ils ne pourraient établir aucune verrerie à vingt lieues de Nevers du vivant dudit seigneur Castellan et de sa femme.

Et, de fait, le seigneur Marc Borniol, non-seulement demeura en la verrerie durant les six années, il s'y trouvait encore le 1er juin 1670, lors du contrat de mariage de Michel Castellan, son beau-frère, fils dudit maître Jean Castellan et de défunte Marie Ponté, avec damoiselle Catherine Sauget, fille de Pierre Sauget, procureur fiscal en la châtellenie de Pougues et Garchizy, et de dame Françoise Menne ; ce qui faisait un séjour de douze années. Aussi, dans le contrat, après la déclaration de la dot de la demoiselle Sauget, qui est de 4,000 livres, le sieur Castellan mentionne d'abord que

---

(1) Sans doute Roussillon-en-Morvand ; voir plus loin au chapitre V.

son fils Michel reçoit, tant sur ses droits maternels échus que paternels à échoir, 900 livres, pareille somme ayant été constituée en dot à sa sœur Marie. De plus, comme Marc de Borniol et sa femme sont demeurés en la verrerie jusqu'à ce jour, pendant lequel temps ils ont été nourris et logés, eux et leurs enfants, par ledit sieur Castellan, il est convenu que lesdits futurs et enfants qui naîtront seront nourris et logés de même pendant lesdites douze années, etc. (1).

Jean Castellan n'eut pas longtemps à remplir les conditions imposées par ce contrat, car il mourait cette année même 1670, sans que nous puissions d'ailleurs en préciser plus exactement la date, les registres de Saint-Laurent n'en faisant aucune mention.

Non moins jaloux que les Sarode de son titre d'écuyer et de gentilhomme verrier, le seigneur Jean Castellan avait obtenu un arrêt de confirmation à Moulins, le 14 juin 1667, pour lui, ses enfants successeurs et postérité, nés et à naître de légitime mariage, en ladite qualité de noble et d'écuyer, comme gentilhomme verrier (2).

A cet effet, par-devant messire Henry Lambert, chevalier, seigneur d'Herbigny, conseiller du roi en ses conseils, commissaire départi par Sa Majesté pour la vérification des titres des gentilshommes et usurpateurs du titre de noblesse èsgénéralités de Moulins et Bourges, ayant comparu le 13 mai, il déclarait qu'il est âgé de soixante-quatre ans, fils de Guillaume Castellan, noble d'extraction, gentilhomme et maître de la verrerie de Nevers, et veut se maintenir en ladite qualité comme ayant toujours vécu noblement sans avoir jamais fait acte dérogeant, et être maintenu dans les privilèges et exemptions dont jouissent les autres gentilshommes du royaume ; qu'à cet effet il doit être inscrit dans le catalogue des gentilshommes qui sera arrêté au conseil...; et pour établir la justice de ses conclusions il rapportait diverses pièces

(1) Archives des notaires, minutes de Villars.
(2) Archives communales de Nevers. Délibérations. BB. 32.

x

parmi lesquelles : 1° un extrait des priviléges accordés par le roi François Ier aux gentilshommes verriers, 5 septembre 1523, lesdits priviléges confirmés au mois de mars 1565 par le roi Charles IX, et par Henri III en 1574; 2° ledit extrait enregistré au Parlement de Dauphiné le 26 mars 1575, depuis en la sénéchaussée et siège présidial de Lyon le 28 janvier 1576, etc., et enfin un factum dressé par conseil, contenant l'inventaire de tous ses titres, et au bas l'arbre de généalogie dudit sieur et le blason de ses armes, qui porte : *D'azur, à la tour d'argent, surmontée d'une aigle d'or, au casque à demi-face* (1).

Quelques années avant la mort de Jean Castellan, sans que nous ayons non plus aucune date certaine, était allée de vie à trépas la riche veuve d'Horace Ponté, damoiselle Suzanne d'Albane ; et les pieuses fondations de cette généreuse étrangère envers les établissements religieux de notre ville, non moins que les sentiments de si affectueuse tendresse témoignés par cette noble femme pour la mémoire de son mari méritent bien assurément que nous en conservions ici le souvenir.

Dès le 26 septembre 1659, elle avait fait don aux pauvres de l'hôtel-Dieu Saint-Didier d'une maison assise aux chaumes de Loire, paroisse de Challuy, appelée *le lieu de la Tournelle*, consistant en chambres et grenier dessus, avec une petite *tournelle* jointe à ladite maison, grange, étables, cour,

(1) Cette description rappelle le fac-similé des armoiries des *Conrade* telles qu'elles se trouvent sur la copie des lettres de naturalisation octroyées à Dominique Conrade en 1572 par Henri III. (*La Faïence, les Faïenciers et les Émailleurs de Nevers*, par L. du Broc de Segange, planche 1re.)

M. Schuermans, dans sa quatrième lettre sur les verres fabriqués aux Pays-Bas, donne les armoiries de la famille Castellan, d'après une généalogie dressée par le héraut d'armes Lefort, qui avait épousé une Castellano. Elles sont ainsi décrites : *D'azur, à la tour d'argent, sommée en chef d'une aigle éployée d'or, ledit écu surmonté d'un heaume d'acier, tourné à droite , ouvert, treillé, grillé et liséré d'or et doublé de gueules, aux hachements ou lambrequins et boucles d'azur et d'argent, d'où sort pour cimier une aigle au blason de l'écu.*

jardin et verger, etc., à la charge de lui payer sa vie durant, par les sieurs recteurs dudit hôtel-Dieu, la somme de 40 livres par chacun an, et aussi à condition qu'à l'avenir ledit lieu se nommera *le lieu Ponté* (1). Cette condition n'a jamais été remplie ; cependant, les actes désignent ce lieu sous le nom de *la Vieille-Verrerie.*

Deux ans plus tard, en 1661, ladite dame fonde d'abord aux Jacobins, le monastère le plus rapproché de la verrerie, trois grand'messes pour le repos de l'âme de défunte Catherine Ponté, veuve de noble François (*aliàs* Laurent) *Bertholus*, qui ne l'avait jamais quittée (2) ; plus, une messe basse, le premier jeudi de chaque mois, devant l'autel de Notre-Dame du Rosaire, pour elle-même, et un salut, chacun an, les premiers dimanches de juin et de juillet, pour le repos de l'âme de feu noble Horace Ponté, son mari : le tout devant être célébré en l'église des révérends Pères Jacobins ou Frères-Prêcheurs, en l'honneur du saint et adorable sacrement de l'autel et de la glorieuse vierge du saint Rosaire (3) ; — puis, le 8 août de la même année, elle donne et fait présent à la fabrique Saint-Laurent, sa paroisse, d'un soleil d'argent doré pesant 7 marcs 2 onces 2 gros, le tout de la valeur de 400 livres, y compris les cristaux, pour exposer le Saint-Sacrement, à la charge d'un *De profundis* et *Libera*, chacun premier jour de l'an, à l'issue de vêpres, avec les oraisons accoutumées, et le lendemain une grand'messe des Trépassés, pour le repos de l'âme de défunt noble Horace Ponté (4).

Le 22 mars 1665, dimanche de la Passion, la paroisse Saint-Laurent reçoit encore un ciboire d'argent vermeil doré pour servir à mettre le Très-Saint-Sacrement de l'autel « pour

---

(1) Archives hospitalières de Nevers, série B. 9. Donations.

(2) Voir plus haut, page 56. Des *Bertoluzzi* ou *Bertolossi*, verriers vénitiens établis à Altare au seizième siècle, s'étaient fixés à Liège avec les autres Altaristes. (SCHUERMANS, quatrième lettre déjà citée.)

(3) Archives communales de Nevers, série GG. 142.

(4) Archives communales de Nevers, série GG. 26.

bailler à communier », et les fabriciens, en a.lressant à la donatrice toutes leurs actions de grâces pour ses inépuisables largesses, rappellent avec reconnaissance qu'en l'année 1660 elle fit aussi remettre à neuf, à ses frais, toutes les tables et tombes de l'église qui étaient rompues ; qu'en l'année 1662, elle fit réparer les tables et tombes du chœur et les marche-pieds de bois des autels; qu'en l'année 1663, elle fit blanchir l'église et donna les tableaux de Notre-Seigneur, de Notre-Dame et des douze Apôtres, et ils déclarent s'obliger à bien veiller désormais à ce que leur église soit toujours bien proprement tenue, etc.

Enfin, le 4 novembre 1666, ladite damoiselle, « gisante au lict, malade de corps, saine touttefois d'esprit et d'antandement », mande le notaire, déclarant vouloir lui faire écrire son testament.

Après les recommandations accoutumées à Dieu, à la glorieuse vierge Marie, et à tous les saints et saintes du paradis, elle veut et entend que, son âme étant séparée de son corps, sondit corps soit inhumé en l'église Saint-Laurent dont elle est paroissienne, « sans qu'il soit fait aulcune sérémonnie », léguant à l'œuvre et fabrique de ladite église une rente perpétuelle de six-vingts livres, en paiement de laquelle elle désire qu'il soit donné le principal d'une rente de 75 livres par an qui lui est due par les héritiers de défunt maître Gabriel Pilloux... lequel principal elle veut n'être compté à la fabrique que sur le pied du denier vingt...; plus, la *maison Morin*, sise en la rue du Croux (1), laquelle n'est

(1) Cette maison, tenant par le devant à la rue de la Tartre; d'autre, à la maison de Toussaint Duret, autrement Paulet; d'autre, à la maison des hoirs Scipion Gambin et de Jeanne More; d'autre, par le derrière, à la maison de M. Sébastien Paulet, chanoine, souloit appartenir à *Anne Morin*, qui la tenait sous la charge de 15 sols et une géline et demie, par chacun an, envers l'abbé de Saint-Martin, ladite charge reconnue au profit de l'abbaye, le 7 juin 1610. Saisie par décret et autorité de justice, ladite maison avait été adjugée à Horace Ponté le 13 janvier 1630. (Minutes Meillot, notaire; archives de la préfecture.)

à présent occupée par aucuns locataires ni autres, suivant l'estimation qui en sera faite par prudhommes, dont tant lesdits sieurs fabriciens que son exécuteur testamentaire ci-après nommés conviendront ; et où lesdites rente et maison ne suffiront pour faire le principal desdites six-vingts livres..., veut qu'il soit pris sur ses autres biens le surplus qui sera employé en rente ou fonds, et que ladite maison soit portée à cens bordelier de l'abbaye Saint-Martin ; veut que les profits et indemnité qui pourront être valablement demandés à ladite fabrique soient acquittés sur les biens d'elle testatrice, sans que le montant d'iceux puisse être précompté sur ladite somme de six-vingts livres de rente, à condition que lesdits sieurs fabriciens seront tenus à perpétuité de faire dire chacun jour, même les fêtes et dimanches, une messe basse pour le repos de l âme tant d'elle que de son mari ;

Elle déclare ensuite qu'elle lègue et donne aux dames religieuses, prieure et couvent de La Fermeté-sur-l'Ixeure la maison dont elle occupe partie et le sieur Jean le surplus, « et en laquelle est ung fourneau à faire verre », sans en rien réserver ni retenir, y compris même *la maison Forest et la maison Thiéry* (1), à condition, et non autrement, que lesdites dames prieure et religieuses seront tenues recevoir parmi elles, en qualité de « sœur de cœur (chœur) », Françoise Roy, fille de noble Joseph Roy et de damoiselle Jacquette Panseron, ou à son défaut une des autres filles dudit Roy, et qu'en attendant l'âge requis pour faire son choix, l'une ou l'autre desdites filles soit, par lesdites dames, nourrie et entretenue selon sa condition ; que si lesdites filles

(1) Nous avons retrouvé dans les minutes Casset (archives des notaires de Nevers), aux dates des 25 novembre et 14 décembre 1632, les « états de besongne à faire par le sieur Esmery Bourdeaul, maître charpentier de Nevers, *en la maison Chantemerle et en la maison Thiéry*, acquise des hoirs feu Pierre Thierry ». Cette dernière était mitoyenne avec la *maison de Saint-Gilda*, où la verrerie fut plus tard transportée.

venaient à décéder ou ne voulaient prendre le parti de la religion, elle entend que si Marie Piédecerf a cette vocation elle soit reçue à leur place, à cause de la grande amitié qu'il y a trente ans et plus elle a pour dame Françoise Piédecerf, veuve d'honorable homme Michel Panseron ;

Item déclare ladite damoiselle qu'elle lègue et donne au sieur Jean Castellan, qui jouit par accense de ladite maison, la somme de 150 livres, si tant il en doit de loyer au premier de janvier de l'année prochaine ; plus lègue et donne à Jeanne Soulier, sa servante, la somme de 40 livres une fois payée, outre ce qui se trouvera lui être dû de ses gages ; déclarant d'ailleurs qu'elle ne connaît aucune personne qui se puisse dire son héritière, bien que de longtemps elle s'est informée s'il restait quelque personne de sa famille ; et pour le cas où il s'en trouverait et que la chose fût bien vérifiée, afin que le présent testament soit bon et valable, « elle les apanne et chacung d'eux » d'une somme de trente livres, et prie noble Charles Roy, lieutenant civil et criminel en l'élection de Nevers, « comme de long temps elle scayt sa haulte vertu », de vouloir faire exécuter ledit testament.

Elle termine en exprimant le désir que si aucune desdites filles est reçue à faire profession elle soit nommée « la religieuse Ponté ».

Ce vœu si modeste et si touchant avait été réalisé, ... dans la liste des religieuses publiée par notre collègue M. Victor Gueneau, à la suite de son intéressante notice sur le prieuré de La Fermeté, nous rencontrons sœur Jeanne Roy-Ponté parmi les signataires de la visite du monastère, le 14 avril 1676 ; on la retrouve encore en 1698.

Qu'il nous soit permis à notre tour d'émettre un autre vœu qui, sans doute, ne sera point contredit ! De nos jours, dans la plupart des villes, l'usage s'est établi de remplacer les noms insignifiants d'anciennes rues par ceux des hommes qui, à travers les siècles, se sont acquis des droits à la reconnaissance publique.

Déjà nous avons à Nevers, près de l'hospice, **la rue**

Charles-Roy, qui rappelle la mémoire du généreux bienfaiteur de cet établissement, puis la rue *Adam-Billault*, la place *Guy-Coquille*. Tout récemment, une petite rue qui débouche sur la grand'rue de la Tartre a été dénommée rue *Conrade*, en souvenir de nos premiers faïenciers. Pourquoi, par exemple, la rue *du Midi*, qui se prolonge devant la place de l'antique église Saint-Laurent, ne recevrait-elle pas le nom de *rue Horace-Ponté*, à l'honneur de sa noble veuve et à la gloire de nos artistes verriers !

On se souvient que Jean Castellan était mort en 1670, laissant un fils, Michel Castellan, et une fille, mariée à Marc de Borniol, sieur des Rochers.

Le fils et le gendre, accoutumés à travailler ensemble en la verrerie de Nevers, prirent aussitôt le titre de maîtres, et tous les deux, pendant plusieurs années, agirent « solidairement, renonçant au bénéfice de division ». On retrouve cette formule sur la plupart de leurs actes.

Cependant, le 7 février 1683, Marc de Borniol mariait son fils Nicolas, qu'il avait eu de défunte Marie Castellan, à Jeanne Pluchon, fille de défunt Louis Pluchon, marchand, et de Marguerite Pignié, sa veuve, demeurant en la paroisse de Garchizy (1); il quitta alors Nevers pour se retirer à Primarest, en Dauphiné, où il possédait une autre verrerie, et il y mourut en 1685, laissant six enfants encore en bas âge.

D'autre part, Nicolas de Borniol, qualifié de sieur de Fourchambault, s'étant retiré à Garchizy, Michel Castellan resta seul maître de la verrerie de Nevers jusqu'au jour de son décès, arrivé en 1721.

Les actes de cette époque continuent à nous initier aux

(1) On remarque parmi les témoins : Laurent Pluchon, maître armurier, oncle de la future; François Pluchon, aussi maître armurier; messire Nicolas de Chéry, écuyer, grand-archidiacre de la cathédrale de Nevers; maître François Bouzitat, grand-chantre; Nicolas Tenon, écuyer, seigneur d'Azy; Jean Fouquet, curé de Garchizy, et aussi un cousin du marié, *Eugin Sarold*. (Archives de la préfecture, série E. 264, ancien classement.)

mœurs et coutumes et à la vie intime de nos verriers ; citons-en quelques-uns des plus curieux.

Un jour de l'année 1672, deux gentilshommes, tout en travaillant, engagent une discussion sur un fait de la plus minime importance, et finalement font un pari ; mais pour que le pari soit exécutoire en son effet, le notaire est requis, et voici son procès-verbal :

» Ce jour, 28 mars 1672, après midi, au lieu de la *verrye* de Nevers, Enemond de Girard, écuyer, sieur de la Combe, d'une part, et Isidore de Revet, écuyer, tous deux demeurant en ladite verrye d'autre part, sont demeurés d'accord en ce qui s'ensuit, savoir :

» Ledit de Girard a déclaré et soutenu que le fils dernier né du sieur de Revet a été baptisé sur les fonts de la paroisse de Rossillon-en-Morvand et a eu pour parrain Hugues de *Saulgy*, baron de Rossillon (1) ; ledit Drevet (*sic*) soutenant le contraire et que ledit de *Saugy* n'a été parrain ; quoi voyant ledit de Girard a derechef remonesté que ledit sieur a été parrain. Et, après que lesdites parties ont soutenu d'être receptables de part et d'autre, a été convenu qu'au cas où ledit sieur de Girard ne puisse faire sa preuve, il paiera audit sieur de Revet la somme de 60 livres, et ledit sieur de Revet, en cas qu'il ne fasse aussi sa preuve, paiera audit sieur de Girard la même somme. A quoi lesdites parties se sont respectivement obligées l'une envers l'autre, à peine de tous dépens, dommages et intérêts, paiables à la volonté de celui qui aura droit et raison.

» Fait audit lieu de la verrye ; présents noble Michel Castellan, noble Marc *de Brignolle*, écuyer, et Charles Musse, fondeur en ladite verrie.

» Ainsi signé : de Borniol, de Castellan, C. Musse (2). »

---

(1) M. l'abbé Baudiau, dans le *Morvand*, t II, rapporte que Michel et Georges de Chaulgy, seigneurs de Roussillon, affranchirent les habitants en 1552.

(2) Archives des notaires de Nevers, minutes Vincent.

Cet Enemond de Girard, qui déclare d'ailleurs ne savoir signer, avait passé un traité avec Jean Castellan, dès le 22 novembre 1666, par lequel il s'obligeait à travailler à la verrerie de Nevers, aux heures accoutumées, pendant un an, qui commencera au 15 mars de l'année 1667, huit jours auparavant ou huit jours après, tant cristal que *pivette* (1), moyennant la somme de 30 livres, par chacun mois, pour ses gages et non autre, sinon la nourriture, logement et blanchissage « comme à la coustume » ; et par avance, ledit sieur de Girard reconnaissait avoir reçu dudit sieur Castellan 12 livres 5 sols, à déduire sur les 30 livres.

Or, le 5 avril 1667, Jean Castellan mandait au notaire, rédacteur du contrat, que ledit E. de Girard n'est venu travailler en sa verrerie, suivant qu'il s'y est obligé, ce qui lui cause, faute dudit travail, depuis le 15 mars dernier, une perte de 3 livres par jour, sa place étant vacante. Et à la réquisition qui lui en a été faite le notaire, s'étant transporté à la verrerie, déclare en effet que ledit sieur Castellan lui a fait voir une place vacante auprès de son fourneau, la plus proche de la grande porte, et ledit four être celui où ledit sieur de Girard devait travailler ; pourquoi ledit sieur de Girard sera tenu envers ledit Castellan, à raison de 3 livres par jour de ce qu'il a manqué et de ce qu'il manquera (2).

On retrouve dans la suite cet « Enemond » de Girard,

(1) On distingue dans le commerce un grand nombre de variétés de verre, dont chacun a une composition, des propriétés et des applications particulières. Ce sont, par exemple : 1° le verre à vitres ; — 2° le verre à gobeletterie ; — 3° *le verre à pivette ;* — 4° le verre à bouteilles ; — 5° le verre à glaces ; — 6° le verre de Bohême ; — 7° le cristal, etc. M. Mingard, dans ses *Variétés industrielles* (Tours, A. Mame et fils, éditeurs, 1883), en signale ainsi seize variétés. Voici ce qu'il dit du *verre à pivette :* « Ce verre est employé aux mêmes usages que le verre à gobeletterie (flacons, verres à boire, salières, carafes, etc.); mais on en fabrique des objets plus grossiers et de moindre valeur, à cause de la teinte verdâtre qu'il possède... Au lieu de sable blanc, on fait entrer dans sa composition du sable ferrugineux, etc. »

(2) Archives des notaires de Nevers, minutes de France.

toujours qualifié d'écuyer et sieur de la Combe, parrain, en 1676 et en 1680, d'une fille et d'un fils de noble Marc de Borniol, « un des maîtres de la verrerie ».

Un autre acte du 31 janvier 1681, concernant non plus un gentilhomme verrier, mais un simple ouvrier tiseur de verre (1), du nom de Jean-Baptiste Cornuelle, mérite aussi d'être connu. Après avoir travaillé dans la verrerie de Giverdy, dont nous parlerons bientôt, ledit Cornuelle étant venu à la verrerie de Nevers, a été victime d'un accident qui le détient malade, mais sain toutefois d'esprit et d'entendement. Il a donc mandé le notaire pour faire son testament, par lequel il recommande son âme à Dieu, à la très-glorieuse vierge Marie et à toute la cour céleste, et particulièrement à saint Jean, « son parrin »; et pour les bons traitements qu'il a reçus et reçoit de Michel Castellan, écuyer, maître de la verrerie, son maître, même en sa maladie, qu'il lui administre tout ce qui lui est nécessaire, tant pour le spirituel que

---

(1) Il nous paraît utile de donner ici, telle qu'elle se trouve dans la brochure du professeur Gaspard Buffa (p. 22, note 1re), l'explication de ce terme de l'art et de quelques autres mots moins connus. Les *attiseurs (attizatori a tizzatori)* ou *tiseurs* surveillent la fusion du verre, alimentent la matière dans les creusets et soignent *(curano)* la trempe des objets manufacturés.

Les *apprêteurs (conciadori)* forment la composition du verre, préparent les fours et assignent le poste de chaque maître pour le travail. Ils servent aussi d'aide au *boffadore*.

Le *souffleur (boffadore)* était habituellement le chef de maîtrise. Son emploi était de faire les plus grosses pièces de verre verd *(in vetro verde)* comme les fiasques, les dames-jeannes *(damigiane)*, etc., pour vin, distillerie...

L'office de *garçon tiseur (garzone tizzatore)*, que nous rencontrons plus souvent, était un emploi servile, payé, et tel qu'il ne permettait pas, par la bonne disposition du travail, de pouvoir pénétrer aucun secret de l'art. Cependant, d'après un article des statuts, les membres des familles alliées aux gentilshommes pouvaient, après un apprentissage de quatre ans comme *attiseur*, et quatre autres années à apprendre l'art, devenir *maîtres* à leur tour. *(L'Universita dell'arte vitrea di Altare dalle sue origini ai nostri giorni. Genova 1879.)*

temporel, et qu'il espère qu'il continuera jusqu'au dernier soupir..., de son propre mouvement, il lui donne et lègue tous ses meubles et deniers qu'il peut avoir et qui lui sont dus, à savoir : 67 livres dues par M. de La Motte, maître de la « verrie » de Giverdy, sur laquelle somme il a reçu 17 livres ; 38 sols qu'il a prêtés à la servante de M. de Bongars « pour achepter une coueste de tafetas et des gans », etc., et aussi tous ses meubles qui sont en ladite verrerie..., de quoi ledit sieur Castellan demeurera vêtu et saisi, incontinent après le decès dudit testateur, à condition seulement de faire inhumer son corps en l'église Saint-Laurent, où bon semblera, et faire prier Dieu pour le repos de son âme.

L'année précédente, le 21 janvier 1680, avait été inhumé à Saint-Laurent un autre tiseur de la verrerie nommé *Jean Cœur*. Les registres « mortuaires » de la paroisse mentionnent encore, le 12 avril 1688, l'inhumation de *Thomas Pelletier*, tisonnier de la verrerie, âgé de trente-cinq ans ; le 17 avril de la même année, celle de *Jean-Baptiste Cœur*, âgé de vingt-deux ans, natif de *Corsesle*, pays de Monferrat (1), lequel servait au fourneau de la verrerie (2) ; en 1702 et 1712, de deux fils de Léonard Viodet, indistinctement

(1) Sur une aimable observation de M. Schuermans, nous rétablissons ici la véritable orthographe de ce nom de lieu, [qui se trouve constamment écrit dans tous nos actes Montferrat, même par la princesse Marie (p. 58). C'est en effet une faute. Notre Monferrat est *Monferrato*, pays de Mantoue, et *Monteferrato* est près de Florence.

(2) Le 1ᵉʳ juillet 1675 s'était marié, en l'église Saint-Laurent, Thomas Barbot, marchand verrier, fils de feu Antoine Barbot et de *Marie Cœur*, de la paroisse de *Coinsert*, *païs d'Italie*, avec Jeanne Durand, fille de défunt Claude et de Denise Pignot, à présent paroissiens dudit Saint-Laurent; présents : honorables hommes Charles Pignot, notaire et procureur en la châtellenie de Saint-Saulge, et de Bourniolle, maître de la verrerie.

M. Enrico Bordoni veut bien nous apprendre que la famille *Cuore* est originaire de Monastero-Bormida, et que le lieu de naissance de Maria *Cuore* et de J.-B. *Cuore* doit certainement être *Cosseria*, pays du canton de Millesimo et peu distant d'Altare ; même les verriers d'Altare possèdent encore à *Cosseria* des terrains cultivés.

qualifié de verrier et de facteur ou consort de la verrerie royale de Nevers...

Les registres des mariages contiennent pareillement d'autres actes non moins intéressants pour nos verriers :

Du 17 mai 1676, mariage de *Philippe Prévoty*, Italien de nation, natif de Lantel, proche Savone, demeurant de présent à Nevers, en la verrerie que font valoir les sieurs Castellan et Borniol, en qualité de garçon verrier, fils de défunts Bernardin Prévoty et de *Cecilia Ramonde*, ses père et mère, avec Charlotte Gaujour, fille de défunts Claude Gaujour, vigneron, de la paroisse de Crux, et de Françoise Basseporte. Ledit Prévoty signe ainsi : *Fillipo Privoto*.

Du 19 mars 1678, mariage de noble Jean Babin, écuyer, gentilhomme verrier, et de damoiselle Jeanne Castellan, fille de défunt noble François Castellan et de damoiselle Marie Mondin, en présence des deux maîtres de la verrerie, de vénérable personne Jean Froment, prieur de Beauregard, etc.

Du 19 avril 1689, mariage de noble et discrète personne Vincent Ponté, verrier, demeurant de présent en la paroisse Saint-Laurent, et de damoiselle Françoise Dru, de la paroisse Saint-Jean, dispenses ayant été obtenues de Monseigneur, de ce que ledit Ponté n'est du diocèse. Parmi les signatures on remarque celle de *Pierre de Borniol, de Dauphiné, ville de Vienne.*

Du 3 mai 1695, mariage de honnête fils Léonard Viodet, consort de la verrerie, fils de feu Antoine Viodet, et honnête fille Suzanne Ganet, fille de François Ganet, de la paroisse Saint-Arigle. Ce Viodet, devenu veuf, épouse en secondes noces, le 24 juin 1712, Françoise Lecompte, veuve de Claude Grollier, chirurgien, demeurant en la paroisse Saint-Aré de Decize.

Enfin, les registres des baptêmes, en nous révélant les nombreuses descendances de nos verriers, signalent aussi parmi les parrains quelques noms encore inconnus : Ainsi, le 12 octobre 1684, une fille de Jean Babin a pour parrain

noble et discrète personne Dominique Riveta, qui signe :
Jo Dominico Riveta, veniẓien (1) ; — le 8 novembre 1690,
François Castellan, écuyer, sieur de Rose, fils de Michel
Castellan, est parrain d'un fils de Vincent Ponté, nommé
François-Vincent, et on le retrouve très-fréquemment rem-
plissant le même office ; — un fils de défunt Dominique
Rosetit *(sic)*, escuier, verrier, et de Anne Guestelert, baptisé
le 26 mars 1701, a pour parrain Claude Gentil, chanoine
de la cathédrale et abbé de Saint-Mar., et pour marraine
Marie Gentil, qui signe : *Marie Gentile ;* — et une fille
de Michel Castellan et de Marie Gentil, baptisée le
20 juillet 1704, par le R. P. Jean-Baptiste-Louis Gentil,
prieur-curé de Saint-Euverte d'Orléans, a pour parrain
« B. Perrot, escuier, directeur de la verrie royale d'*Orléans*, etc. (2) »

Nous revenons ainsi à Michel Castellan, seul maître de
la verrerie depuis 1685. Marié une première fois, en 1670,
à Catherine Sauget, qui mourut peu après, il avait épousé,
en secondes noces, noble demoiselle Louise de Foucambargue,
dont il eut, le 10 mars 1673, un fils appelé François, du
nom de son parrain, vénérable et scientifique personne
messire François Bouzitat, conseiller du roi et chanoine de
la cathédrale, et une fille, ondoyée le 7 février 1675 et morte
à l'âge de trois ans.

Ladite demoiselle de Foucambargue ne vécut aussi que
quelques années. Déjà malade au mois de mai 1680, elle
renouvelle le don mutuel qu'elle et son mari se sont fait,
dès l'année 1678, de tous leurs biens, déclarant, en tant que

(1) La famille *Riveta* existe encore dans la corporation vénitienne
pour le travail des perles. Le nom de *Rosetit*, qui suit, pourrait être
le nom *Rosetto*, estropié, que l'on trouve parmi les familles nobles
des verriers de Murano. (Note de M. le chevalier E. Bordoni.)

(2) Bernard Perrot ne mourut qu'en 1709 et eut pour successeur,
comme directeur de la verrerie d'Orléans, un neveu qui s'appelait
Jean Perrot, sieur de Limouty. (Note communiquée par M. l'abbé
Cochard, d'Orléans.)

besoin serait, qu'elle donne et lègue « d'abondant » à son mari tous ses meubles, conquets et cinquième de son héritage ancien en toute propriété… ; elle fait aussi son testament par lequel, après les recommandations les plus pieuses et les plus touchantes à Dieu le créateur, pour qu'il ait pitié d'elle aux jour et heure de son trépas et lui fasse miséricorde par les mérites de la Passion de Notre-Seigneur Jésus-Christ et par l'intercession de la glorieuse vierge Marie, etc., elle veut et entend son corps être inhumé en l'église de Saint-Laurent, sa paroisse, s'en rapportant audit sieur Castellan, son mari, pour ses obsèques et le soin de faire prier Dieu pour son âme, sachant qu'il s'en acquittera bien (1).

Une troisième fois Michel Castellan se choisit une compagne, Françoise Coquard, qui le laissa veuf encore et dont nous trouvons le mortuaire au jour de Quasimodo 1699.

Cependant il se mariait de nouveau, après un court veuvage, à damoiselle Marie Gentil, qui, dès le 17 décembre 1701, lui donnait une fille, baptisée le lendemain, sous les noms de Claude-Marie. Le parrain était Pierre Gentil, docteur en médecine, la marraine damoiselle Claude Chalmon.

Plusieurs autres enfants naquirent de ce mariage, parmi lesquels un fils, Louis, dont il sera parlé dans le chapitre suivant ; et puis Michel Castellan mourut en 1721. Il était né en Italie, à Altare, et avait été baptisé dans la paroisse de Saint-Eugène de cette ville, le 29 juillet 1645 (2) ; il était par conséquent âgé de soixante-seize ans.

A Marie Gentil, tutrice de ses enfants, incomba la lourde charge de prendre la succession des affaires de la verrerie, et elle le fit vaillamment pendant plusieurs années.

(1) Archives des notaires de Nevers, minutes Casset.

(2) Extrait du livre des baptisés de la paroisse d'Altare :

Anno 1645, 29 julii, Michel Gugliermo figlio de Giovanni e Maria, gingali Castellani, e stato battezato da me arciprete.

(Communiqué par M. Chevalier-Lagénissière, d'après une copie du 11 mars 1881, gracieusement délivrée par M. le chevalier dom Joseph Bertolotti, arciprête d'Altare.)

Au mois de juillet 1725, les échevins voulant prendre, pour en faire une caserne, une des dépendances de la verrerie, Marie Gentil adressa une supplique à Mgr l'Intendant de Moulins. Elle y déclarait qu'elle a accensé une maison située auprès de la porte du Croux (1), du sieur Guy-Pierre Gueneau, écuyer, gentilhomme servant de feu Madame la Dauphine, dans laquelle maison elle a toujours mis, dans ses besoins, des gentilshommes verriers qui travaillent à la manufacture, et aussi la plus grande partie des verres qu'elle fait fabriquer, pourquoi, vu le besoin pressant qu'elle a de cette maison, elle supplie Sa Grandeur de faire défense aux échevins de prendre ladite maison pour caserne. Sur l'avis favorable du sieur Litaud, premier échevin, le 3 août suivant, l'intendant accordait la défense demandée et y joignait l'ordre de choisir une autre maison (2).

Cependant, peu après, Bernard de Borniol, neveu de la dame Gentil, l'ayant abandonnée, la tâche devint impossible; en 1726 il fallut éteindre les feux, et, pour payer les créanciers, consentir à la vente de tous les « matériaux, ferremens et ustenciles » de la verrerie (3).

Ainsi finit, par une catastrophe des plus disgracieuses, cette seconde période de l'histoire de nos verriers, inaugurée d'une manière si solennelle, en 1647, par le seigneur Jean Castellan, sous les auspices de la princesse Marie de Gonzague.

(1) Il s'agit de la maison Morin, dont il a été parlé plus haut page 76, et qui avait été vendue en 1670 par les fabriciens de Saint-Laurent, au profit d'Edme Nollant, fuencier, pour le prix de 700 livres. (Archives communales, GG. 27.)

(2) Archives communales de Nevers, série BB. 38. Registre des délibérations.

(3) Archives de la préfecture, série E. 26. Ancien classement.

CHAPITRE IV.

TROISIÈME ÉPOQUE.

LES BORNIOL.

(XVIIIᵉ siècle.)

Notes généalogiques sur les Borniol d'Altare, depuis 1535 ; — Bernard de Borniol, neveu de Michel Castellan, sollicite et obtient du duc de Nevers, en 1724, l'autorisation de fonder une verrerie dans la ville de Decize ; — sur ces entrefaites, la verrerie de Nevers étant tombée, il obtient du duc l'autorisation de la rétablir et abandonne Decize ; — il meurt en 1745, âgé de soixante et onze ans ; — tentatives de Louis Castellan, fils de Michel, pour recouvrer les droits de son aïeul et de son père ; — Catherine Lévêque, veuve de Bernard de Borniol, nommée tutrice de ses cinq enfants mineurs, continue la fabrication jusqu'au moment où la verrerie tombe pour ne plus se relever, comme la plupart des faïenceries de Nevers ; — la verrerie de Nevers est surnommée par les voyageurs *le petit Muran de Venise* ; — curieux extraits des registres de livraisons de ladite veuve de Borniol ; — fourniture de canons de toutes couleurs à l'usage des émailleurs ; — une verrerie à bouteilles est établie sur le quai de Loire, puis remplacée par une fabrique de porcelaine.

Deux fois déjà nous avons vu les gentilshommes verriers d'Altare, au duché de Monferrat, venir, à l'appel de nos princes, fonder d'abord au seizième siècle, puis, dans le siècle suivant, rétablir la verrerie de Nevers. Une fois encore une noble famille, originaire de cette même cité d'Altare, va nous fournir le dernier maître de la verrerie nivernaise.

Les Borniol, que nous rencontrions naguère unis aux Castellan, et dont le lieu d'origine paraît alors être le Dauphiné, étaient anciennement à Altare très-étroitement unis avec les Sarode.

I *De Corniölle*

II

d'Azur au chevron d'Argent
accompagné au chef de deux roses et en pointe d'un bœuf
sur une terrasse de........

c. *Levesque venue de Corniolle*

I _Signature de BERNARD de BORNIOL.
II _Armoiries des BORNIOL dans l'Armorial du Nivernais
de Mr le Cte de SOULTRAIT données d'après des empreintes
de Cachets du XVIIIe Siècle.
III _Signature de CATHERINE LEVESQUE Vve de Messire
BERNARD de BORNIOL et dère Msse de la Verrerie de Nevers.

Dès l'année 1535, le 9 juin, noble Jean Borniol, fils de défunt noble Hector, contracte mariage en l'église Saint-Eugène d'Altare, du diocèse de Noli (*Naulensis diocesis*) et de l'État du sérénissime duc de Mantoue (1), avec demoiselle Baptistine, fille de noble Augustin Sarode (*filiam nobilis Augustini Saroldi*). Ledit Augustin Sarode, parce qu'il est de coutume de donner une dot aux femmes pour qu'elles puissent supporter les charges du mariage (*quia moris est dari certa dos mulieribus, ut onera matrimonii sustinere queant*), déclare lui donner 500 ducatons d'argent, outre ses vêtements et joyaux, etc.

Le 6 juillet 1550, noble Hector Borniol, petit-fils d'Hector et fils du précédent, contracte mariage avec demoiselle Barbe, fille de noble *Antonii Rubei*, dudit lieu d'Altare. Parmi les témoins, on trouve Antoine Sarode et Barthélemy Dalbane (*Bartholomeo Dalbano Englian*), sans doute un parent, peut-être le père de Suzanne d'Albane, la noble veuve d'Horace Ponté, qui déclarait en mourant ne connaître aucune personne de sa famille (2).

Le 20 avril 1604, noble Geoffroi Borniol, fils d'Hector, se marie avec demoiselle Catherine, fille de noble Alexandre Sarode (*Alexandri Saroldi*). Parmi les témoins, nous trouvons encore des noms connus : noble Baptiste Bousson (*Bussono*), noble César Marassan (*Marassano*).

Le 31 juillet 1606, Roch, fils desdits Geoffroi et Catherine, né de ce jour, est baptisé *solemniter*, toujours en l'église d'Altare. Les parrain et marraine sont nobles Simonin Sarolde et Françoise, épouse de noble Prosper *Bertholmi*.

(1) L'évêché de *Noli* n'existe plus aujourd'hui ; il est réuni à celui de Savone, dont le titulaire est qualifié évêque de Savone et de Noli. Altare est depuis longtemps déjà du diocèse d'Acqui.

(2) Voir dans le chapitre précédent le testament de ladite dame. Antérieurement à 1624, elle signe toujours : *Suzanne Dalbane* ; c'est l'orthographe que nous avons admise et qui semble la vraie ; puis la lettre *D* disparaît et n'est rappelée que par un trait arrondi sur l'a. Les notaires du temps écrivent indifféremment *d'Albane* ou *Albane*.

Un autre fils desdits époux, nommé Laurent, baptisé le 16 juin 1615, a pour parrain Laurent Rouge *(Rubeus)*, pour marraine Catherine Raquette *(Racheta)* ; un autre fils encore, Hector, baptisé le 23 décembre 1620, a pour parrain Paul *Mirengus* (1), pour marraine Catherine *Racheta*.

Ces trois fils de Geoffroi Borniol vinrent tous s'établir en Dauphiné, proche la côte Saint-André, d'où leur postérité se répandit à Nevers et dans les différentes verreries du royaume ; et nous avons vu la fille de Jean Castellan épouser, à Nevers, au mois de septembre 1658, Marc de Borniol, fils de feu Roch (le premier né de Geoffroi) et de Catherine Bousson, son épouse.

Les deux frères de Roch de Borniol, Laurent et Hector, habitaient Saint-Alban, lorsqu'en 1666, en réponse à l'action introduite contre eux devant l'intendant du Dauphiné pour la vérification de leur qualité de nobles, ils eurent à produire tous les actes prouvant leur descendance de noblesse. Comme ils négligeaient de se soumettre à cet ordre, s'en croyant dispensés, à cause de leur profession de verriers, et vu les privilèges accordés par les rois de France aux gentils-hommes verriers, ils se virent condamnés à 400 livres d'amende, comme usurpateurs de la qualité de nobles, et c'est alors qu'ils produisirent les titres que nous venons de citer et dont une copie se trouve aux archives du département (2). En conséquence, à la date du dernier octobre 1670, François Dugué, intendant de la province de Lyonnais, Forest, Beaujollais et Dauphiné, commis par le roi pour ladite vérification, fit enregistrer tous ces titres à la Chambre des comptes et cour des finances, et déclara les frères Laurent et Hector de Borriol maintenus en leur qualité de nobles, ordonnant qu'ils jouiront, eux et leur postérité, des mêmes privilèges et immunités que les autres nobles du royaume,

(1) Sans doute celui que nous avons vu à Nevers en 1607, *supra*, page 10.
(2) Série E. 264. Ancien classement.

tant qu'ils vivront noblement et ne feront aucune déro-
geance à noblesse.

De même, le 18 septembre 1674, le marquis de La
Vallière, gouverneur et lieutenant-général pour le roi en la
province de Bourbonnais et commandant pour Sa Majesté
en la province de Nivernais, donne attestation de la présence
de Marc de Borniol, écuyer, sieur des Rochers, gentilhomme
verrier, à l'assemblée de la noblesse du Nivernais, et sur sa
demande le déclare dispensé du ban et arrière-ban.

Enfin, en 1689, Nicolas de Borniol, écuyer, sieur de
Fourchambault, fils du précédent, ayant été imposé, pour
l'année 1690, au rôle des tailles, dans la paroisse de Garchizy (1), pour la somme de 8 livres, demandait formelle-
ment à être rayé des rôles, avec défense aux collecteurs de ne
le plus comprendre à l'avenir, et que ceux qui l'ont cotisé
soient condamnés aux dommages et intérêts, attendu qu'outre
qu'il est noble d'extraction, il est gentilhomme verrier, travaillant actuellement à la verrerie de la Varenne...

Un autre fils de Marc de Borniol, Bernard, né à Nevers,
où il avait été baptisé en l'église Saint-Laurent, le 4 septembre 1674, et qui depuis plusieurs années travaillait sous son
oncle Michel Castellan, puis sous sa veuve Marie Gentil,
convoitait le titre de maître de la verrerie de sa ville natale.
Ne pouvant y parvenir assez tôt à son gré, confiant d'ailleurs
dans son habileté, qu'il dit « être unique dans cet art, et
reconnue de tous les marchands du royaume », il adresse en
1724, à Sa Grandeur Mgr le duc de Nevers une supplique,
dans laquelle il lui remontre « très-humblement » que, suivant les priviléges accordés à ses ancêtres par les rois
François Ier, Charles IX, Henri III et Louis XIV, ils ont
établis des verreries en différents lieux du royaume..., pour-

(1) Fourchambault, devenu depuis la fondation de ses usines, en
1821, par MM. Boigues, une importante commune qui comprend
actuellement deux paroisses, n'était alors qu'un lieu de relais pour la
poste de Nevers à Germigny, et dépendait de la paroisse de Garchizy.

quoi il demande qu'il lui soit permis d'établir une autre verrerie en la ville de « Desize », distante de sept lieues de la ville de Nevers, espérant d'autant mieux obtenir cette grâce que semblable établissement ne peut être que glorieux à la province de Nivernais et à toute la France.

Dans le même temps, il adressait un autre placet à Mgr le Contrôleur général des finances pour qu'il lui plût accorder les lettres sur ce nécessaires et que le requérant pût prouver sa capacité et expérience au fait de la verrerie et des cristaux et être utile en même temps non-seulement aux habitants du pays qui seront occupés, mais encore aux seigneurs, par la consommation des bois qui se perdent sur les lieux.

Le 8 juillet 1724, le duc de Nevers, étant à Paris, apposait sa signature au bas de la requête avec ces mots : « Nous permettons au sieur de Borniol d'établir une verrerie dans notre ville de Desise, à l'effet de quoi nous lui ferons expédier nos lettres et brevets nécessaires. »

A la suite d'une nouvelle requête adressée au roi, en son conseil, exposant que depuis deux cents ans les Borniol ont excellé en l'art des cristaux et verres, et qu'il a profité de l'expérience de feu son père, choisi par Louis XIV pour engager les Vénitiens à se rendre en France pour la manufacture de glaces qui y est établie, et en conséquence demandant l'autorisation de Sa Majesté pour établir à Decize une manufacture de verres et cristaux ; des lettres-patentes lui étaient octroyées, le 29 mai 1725, portant établissement au profit dudit Bernard de Borniol de ladite manufacture.

C'est sur ces entrefaites qu'au mois de janvier 1726 la veuve de Michel Castellan fit éteindre les feux, puis, se voyant poursuivie par ses créanciers, appréhendant l'exécution des contraintes par corps contre elle, prononcées en la juridiction consulaire de Nevers, obtint au mois d'août des lettres de chancellerie pour être reçue à la misérable cession de ses biens.

Bernard de Borniol s'empressa de se rendre adjudicataire,

le 2 octobre de la même année, de tous les effets et ustensiles servant à la verrerie, moyennant la somme de 1.208 livres 9 sols. En même temps, il s'adressait au duc de Nivernais, Philippe-Jules-François Mazarini-Mancini, lui exposant qu'il est très-utile et avantageux au public que la verrerie soit rétablie et qu'il est actuellement le seul capable de la faire valoir ; en conséquence, il demandait qu'il lui plût lui continuer le bail de la halle où est construit le fourneau de la verrerie, comme l'avait accordé, pour quatre-vingt-dix-neuf ans, le duc Charles second à Jean Castellan, son aïeul maternel, le 3 janvier 1657, et ce pour le temps qui reste à expirer desdites quatre-vingt-dix-neuf années ; s'offrant de payer les 15 livres fixées par chacun an au fermier de la châtellenie de Nevers, au jour et fête de Saint-Martin d'hiver.

A quoi le duc consentant inscrivait sur son brevet, accordé le 28 novembre 1726, que l'exposant devra continuer de travailler et soutenir la manufacture de verrerie, sans quoi la présente concession demeurerait nulle, et il serait permis de disposer de la grange ou halle « comme nous aviserons bon estre ».

Et comme indépendamment de cette halle il lui fallait un logement et des magasins, Bernard de Borniol prit à loyer, moyennant la somme de 200 livres par an, une maison y jointe appartenant au prieuré de Saint-Gildard (1) ; puis, fidèle à la recommandation que lui faisait le duc de Nivernais, il fit valoir la verrerie jusqu'à sa mort.

Suivant la noble coutume de ses prédécesseurs, on le rencontre sur les registres paroissiaux de Saint-Laurent, soit comme parrain, soit comme témoin de tous les actes importants de la vie des verriers.

Dès le 3 juillet 1727, il est parrain d'une fille de Charles-François Perrin, verrier, avec Madeleine Gaulier, veuve

---

(1) Mémoire imprimé pour la dame Catherine Lévêque. (Archives de la préfecture, ancienne série E. 268.)

Chastellain, pour marraine (1); il est aussi parrain, le 9 janvier 1737, d'un fils de messire Antoine de Borniol des Rochers et de damoiselle Claire-Louise Vignaut; la marraine se nomme Catherine Marchangy, veuve Vignaut...

Cependant, Bernard de Borniol avait épousé en premières noces damoiselle Anne-Jeanne Filoix, et tous deux, le 6 mai 1729, s'étaient fait donation mutuelle de tous leurs biens; ils demeuraient ensemble rue du *Croux*, paroisse Saint-Laurent.

Devenu veuf, il se maria avec Catherine Lévêque dont il eut cinq enfants : 1° *Catherine Jacquette*, baptisée le 20 janvier 1740, et qui eut pour parrain vénérable et discrète personne messire Jacques-François de Borniol, chanoine de Nevers, et pour marraine dame Catherine Bernard; 2° *Pierre Bernard*, baptisé le 2 janvier 1741, et qui eut pour parrain Pierre Lévesque, avocat à la cour; pour marraine dame Claire-Louise Vignaut; 3° *Claudine*, baptisée le 6 juin 1742, dont le parrain fut Claude Lévesque fils, aussi avocat à la cour; la marraine dame de Bèze de Nion; 4° *Claude François*, baptisé le 12 décembre 1743, dont le parrain fut messire Claude-François Lévesque, prêtre, curé de Varennes; la marraine dame Marie Bourdaloue; 5° *Jean-Claude*, baptisé le 9 avril 1746, et qui eut pour parrain maître Jean Sallonyer de Nyon, avocat à la cour, et pour marraine damoiselle Claude Ollivier (2).

Dans l'acte de baptême de ce dernier enfant on remarque qu'il est qualifié : fils de feu messire Bernard de Borniol; le maître de la verrerie royale de Nevers était en effet décédé depuis plus de cinq mois, âgé de soixante et onze ans, et avait été inhumé le 24 octobre 1745.

(1) Ce Charles-François, fils de Louis Perrin, ouvrier en verre, s'était marié, le 21 juillet 1723, avec Laurence Jodier, fille de Jean Jodier, faïencier; il se remaria en secondes noces le 10 juin 1732 avec Marie Boyer, veuve de Barthélemy Maux.

(2) Mis en nourrice à Montigny-aux-Amognes, il y mourut et fut inhumé dans l'église le 25 mars 1747.

Il àvait eu dans ses dernières années quelques difficultés avec son cousin Louis Castellan, fils de Michel Castellan, dernier maître de la verrerie, et de dame Louise Gentil.

Resté mineur au décès de son père, ce jeune homme avait quitté Nevers, mais avec le dessein d'y revenir un jour, après s'être perfectionné dans son art, et de faire valoir ses droits. C'est ce qu'il fit au mois d'août 1742, dans un mémoire où il rappelait les diverses lettres-patentes accordées à son aïeul en 1661 et 1665, représentant d'ailleurs que par l'expérience qu'il a acquise dans différentes verreries du royaume où il a travaillé avec beaucoup d'assiduité, il est en état de travailler et de faire travailler à la verrerie établie par son aïeul et exercée par son père ; qu'outre cette expérience, il a le *secret de ses ancêtres* pour allier différents métaux et pour varier les couleurs du verre ; pourquoi il demandait qu'il lui fût permis de travailler et faire travailler en la ville de Nevers à toutes sortes d'ouvrages de verrerie qu'il pût faire vendre tant à Paris que dans les autres villes et lieux du royaume qu'il avisera, avec défense à toutes autres personnes de faire travailler à aucuns ouvrages de verrerie en ladite ville, ou d'en faire vendre sans sa permission par écrit.

Cette supplique resta sans effet, et le 2 décembre de la même année, Bernard de Borniol s'engageait envers ledit Louis Castellan à lui donner la place de gentilhomme pour travailler en cristal dans la verrerie, à commencer du 2 janvier 1743, et ce, pendant trois années, moyennant 50 livres par mois, à la condition par ledit sieur Castellan de remplir soigneusement ses devoirs.

Aussitôt après le décès de son mari, Catherine Lévêque se fit nommer tutrice de ses cinq enfants mineurs, par acte du 8 novembre 1745. Au nombre des membres du conseil de famille figurent comme parents du côté paternel messire Jacques-François de Borniol, écuyer, prêtre, chanoine de l'église de Nevers ; Antoine de Borniol, écuyer, sieur des Rochers, et Louis Castellan, aussi écuyer, travaillant en la verrerie.

Le 4 décembre suivant elle demandait à être maintenue en possession de l'état de son défunt mari et d'être autorisée à faire valoir la verrerie, afin de pouvoir élever ses enfants.

Mais, d'un côté, le sieur Louis Castellan réclamait la continuation du privilége exclusif qu'il prétend avoir été ci-devant accordé à son aïeul et à son père; d'autre part, le sieur Antoine de Borniol demandait que le privilége de la verrerie royale de Nevers, dont a joui son oncle, lui fût accordé pour trente années; il avait pour le soutenir M. de La Houssaye qui, dans une lettre datée de Paris, 4 mars 1746, et adressée à M. de Bernage de Vaux, intendant à Moulins, demandait d'être favorable audit Antoine de Borniol : « Je serai fort sensible, écrivait-il, à ce que vous voudrez bien faire en sa faveur à ma considération. »

Toutefois, le 21 février 1747, la dame Catherine Lévêque recevait à l'encontre des deux compétiteurs des lettres-patentes octroyées par le roi pour exploiter pendant vingt ans la verrerie de Nevers, à l'exclusion de tous autres, attendu que s'il s'établissait une autre verrerie dans cette ville elle serait hors d'état de subsister et de procurer à ses enfants l'éducation qu'elle leur doit; attendu aussi que ladite dame de Borniol, comptant son état aussi assuré que celui de son mari, a contracté les mêmes engagements; qu'elle a non-seulement fait des provisions de bois et autres matériaux, mais en a tiré encore des pays étrangers, de sorte qu'elle en a aujourd'hui pour environ 8,000 livres (1).

L'année suivante, 1748, le 8 du mois de mai, un fils de messire Louis de Borniol, écuyer, sieur de Fourchambault, et de dame Marie-Catherine Meniché, son épouse, baptisé sous le nom de Jacques-François-Catherine, avait pour parrain messire Jacques de Borniol, chanoine de Saint-Cyr, et pour marraine dame Catherine Lévêque, veuve de Bernard de Borniol et « maîtresse de la verrerie de Nevers (2). »

(1) Archives de la préfecture, ancienne série E. 268.
(2) Le 9 juillet 1776, ce Jacques-François-Catherine, alors parois-

L'accord s'était fait avec Antoine de Borniol et Louis Castellan, qui tous les deux continuèrent de travailler à la verrerie. Ce dernier mourut en 1750 et fut inhumé, le 19 mars, âgé de quarante-deux ans ; il avait épousé demoiselle Louise Mouline (?) et ne paraît pas avoir laissé de postérité.

Quant à Antoine de Borniol, on voit par les registres de Saint-Laurent qu'il avait eu de son mariage avec demoiselle Claire-Louise Vignaut, sœur de messire Jean Vignaut, curé de Saint-Genest, plusieurs filles, dont nous rappellerons la mémoire à la fin de ce chapitre. Ladite dame Vignaut mourut en 1754, et fut inhumée le 22 juillet, âgée seulement de quarante ans.

Parmi les autres verriers de cette époque nous ne retrouvons qu'un seul nom encore inconnu, celui d'Antoine *Perta* ou *Perna*, tiseur, qui fut inhumé le 14 février 1749, âgé de quarante-deux ans, en présence des garçons de la verrerie, Nicolas Viodet, Charles Perrin, etc. (1). Une note marginale indique que « cet acte a été levé le 6 juin 1781 par Laurent *Perna*, qui se dit fils de Philibert *Préna*, lequel est effectivement à la verrerie, chez Mme de Borniol. »

Cette note nous amène ainsi à la fin de la verrerie nivernaise; mais avant de raconter les derniers incidents de son histoire, arrêtons-nous un instant à considérer les œuvres de nos verriers durant cette période qui, pour avoir été la dernière, ne fut pas cependant la moins brillante.

---

sien d'Apremont, se marie avec demoiselle Jeanne-Françoise Leblanc, fille de Henri-Charles Leblanc, notaire et procureur au bailliage, et de Anne Gautheron, en présence de messire Robert de Brossard, écuyer, maître de la verrerie d'Apremont. (Registres paroissiaux de Saint-Victor de Nevers.)

(1) En 1754, Nicolas Perrin, originaire du pays de Lorraine, était directeur de la verrerie d'Apremont, où il mourut bientôt, et fut inhumé dans l'église, le 11 décembre 1755. (*La Verrerie d'Apremont*, par M. Roubet.)

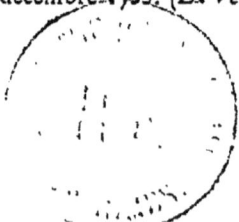

XIII

Les Borniol, en effet, dit M. Le Vaillant de La Fieffe (1).
« excellaient dans l'art de la verrerie. Leurs ouvrages, principalement les glaces de miroir qu'ils soufflaient, égalaient
en beauté, en perfection, les plus rares pièces de Venise .. (2) »

C'est à eux, croyons-nous, que revient l'honneur de ces
beaux miroirs figurant les attributs de la Passion de Notre-
Seigneur et qui produisent un effet si saisissant par le
brillant des traits du dessin sur le fond mat de la glace. On
en rencontre quelquefois dans nos contrées, et nous avons la
bonne fortune d'en posséder un dont l'origine nivernaise
semble ne laisser aucun doute, car il avait appartenu à
M. l'abbé Imbert, né dans notre ville, en 1767, et mort
en 1841, curé de la cathédrale de Nevers.

Un de nos collègues s'est gracieusement offert à nous en
tracer une lithographie, que nous sommes heureux d'ajouter
à ces pages, avec le dessin d'une jolie bouteille ornée de
feuilles de fougère, portant le nom de son propriétaire,
Michel Riou, et la date de 1785 (3).

(1) *Les Verreries de la Normandie et les Gentilshommes et Artistes
verriers normands*, pages 272-274.

(2) Le même auteur se plaît à citer les membres de cette nombreuse
famille, dispersés dans un nombre considérable de localités. Ainsi :
Le dernier février 1693, un acte des registres de la paroisse de
Hauville constate le décès d'Antoine *de Briol*, sieur de Louviers ou
Louvière, gentilhomme servant en la verrerie de la Haule, natif de
Nevers, âgé de trente-deux ans. Il est inhumé dans l'église dudit lieu,
en présence de Louis de Saint-Paul, « maistre de laditte verrerie ». —
Louis *de Barniolles*, écuyer, sieur de Fourchambault, travaillait,
en 1739, à la cristallerie de Rouen, renommée par la beauté de ses
produits, etc. Nous remarquerons ici l'incroyable variété de formes
plus ou moins bizarres qu'a revêtues le nom des Borniol (*Bormioli*) :
Bourgniol, Barniolles, Brigniolle, Brognolle, Brinolle, Briol, etc.

(3) Cette bouteille, en forme de gourde de chasse aplatie, et légèrement évidée, avait été achetée dans le pays par M. Barat, notre
vaillant marchand d'antiquités, faïences, émaux, etc., et par lui
revendue à notre collègue M. Albert Blaudin-Valière, lequel a bien
voulu nous l'offrir. Si elle est réellement nivernaise, malgré sa date
un peu récente, c'est sans doute un des derniers spécimens de notre

Nous ne pouvons qu'indiquer un autre objet religieux sorti dans le même temps, sans doute, de la verrerie de Nevers, et probablement offert par le chanoine Pierre de Borniol au chapitre de la cathédrale. C'était une belle croix processionnelle en cristal, dont nous avons entendu parler souvent par le vénérable abbé Cassiat, mort à Nevers en 1868, âgé de quatre-vingt-douze ans, et qui l'avait admirée étant enfant de chœur, avant la Révolution.

L'inventaire de l'argenterie et des ornements à l'usage de l'église épiscopale et paroissiale de Saint-Cyr, dressé en 1792, la mentionnait en ces termes : « Trois croix processionnelles, une d'argent doré et son bâton, une autre d'argent et son bâton, la troisième de *cristal de roche* et son bâton d'argent. »

Après cela, nous ne saurions nous étonner de lire dans le *Nouveau voyage de France, géographique, historique et curieux*, publié en 1778, à Paris, par M. L. R..., qu'après les églises et autres monuments qu'il faut voir à Nevers, le lieu le plus remarquable est dans la Grande-Rue (1), la verrerie, qu'on peut appeler *le petit Muran de Venise*, « pour la singularité des différents ouvrages de verre qui s'y font. »

Déjà le gentilhomme français auteur du *Journal d'un voyage de France et d'Italie*, en l'année 1661, écrivait : « Les habitants de Nevers sont, dans la verrerie, de véritables imitateurs des Vénitiens de Murano et des Faentins, dans la fayence, et les contrefont avec tant d'artifice que la

verrerie artistique. Il est à remarquer, d'ailleurs, que nos faïenciers faisaient de semblables bouteilles, ornées de sujets de chasse ou autres, et les verriers remplaçaient habilement les peintures plus ou moins rustiques par de très-fines gravures.

M. Blaudin-Valière possède aussi, dans sa riche collection de curiosités de toutes sortes, quelques beaux verres à la façon de Venise ou d'Altare, des boîtes à confitures, des compotiers, etc.

(1) C'est encore ainsi que les anciennes personnes de la ville désignent la rue de la Tartre.

ville de Nevers, pour cet article, peut estre appellée une autre ville de Muran et de Fayence : Si vous leur faites monstrer les ouvrages les plus curieux, vous les admirerez comme autant de chefs-d'œuvre de l'art, lesquels ne font pas moins paraître leur industrie à faire des bagues, des pendants d'oreilles et autres joyaux qu'ils viennent vous présenter à votre arrivée et que vous acheptez sans pouvoir vous en deffendre (1). »

La verrerie de Nevers n'avait donc rien perdu de son ancienne réputation.

Malheureusement, les comptes de la ville se bornent à indiquer d'une façon sommaire les sommes payées aux verriers. Ainsi, en 1730 : Payé à la veuve Chastellain et au sieur de Borniolle la somme de 150 livres pour *cristaux* offerts à Mme la princesse de Conty, et l'état détaillé des fournitures, qui devait se trouver aux pièces justificatives des comptes, fait défaut. On ne saurait trop le regretter en lisant les états fournis par les émailleurs pour les présents par eux faits, sur l'ordre des échevins, à ladite princesse :

Le sieur Mourillon, émailleur, déclare avoir fourni : sept

(1) A Paris, chez Jean Dupuis, rue Saint-Jacques, à la Couronne-d'Or. MDCLXV. — Un écrivain du dix-septième siècle, cité par M. Schuermans, dans sa cinquième lettre dont il a bien voulu nous communiquer les épreuves, compare aussi la verrerie d'Anvers à l'île de Murano, près de Venise, et son transcripteur, plus explicite encore, en trace ce tableau que nous pouvons bien également nous approprier : « Quand vous êtes entré dedans (la verrerie), le feu ne s'éteint jamais; les fournaises regorgent toujours de ces charbons liquides et coulants, vous jureriez que ce n'est point du verre, mais une fontaine de feu, où chacun des ouvriers a sa tâche; l'un gaigne sa vie en soufflant, l'autre en tournant; les uns donnent la teinture au verre, les autres y appliquent l'or et l'argent. La matière est susceptible de toutes les formes, se joue de l'esprit des artisans, prenant plus de figures que leur imagination n'en peut représenter, et le feu, qui ne semble bon qu'à détruire, fait des productions admirables, convertissant du sable, des cailloux, de la cendre, du plomb, en un beau verre ou en quelque autre vase de parade pour le buffet d'un prince. »

(Collection de M. l'abbé Boutillier)

MIROIR AUX ATTRIBUTS DE LA PASSION

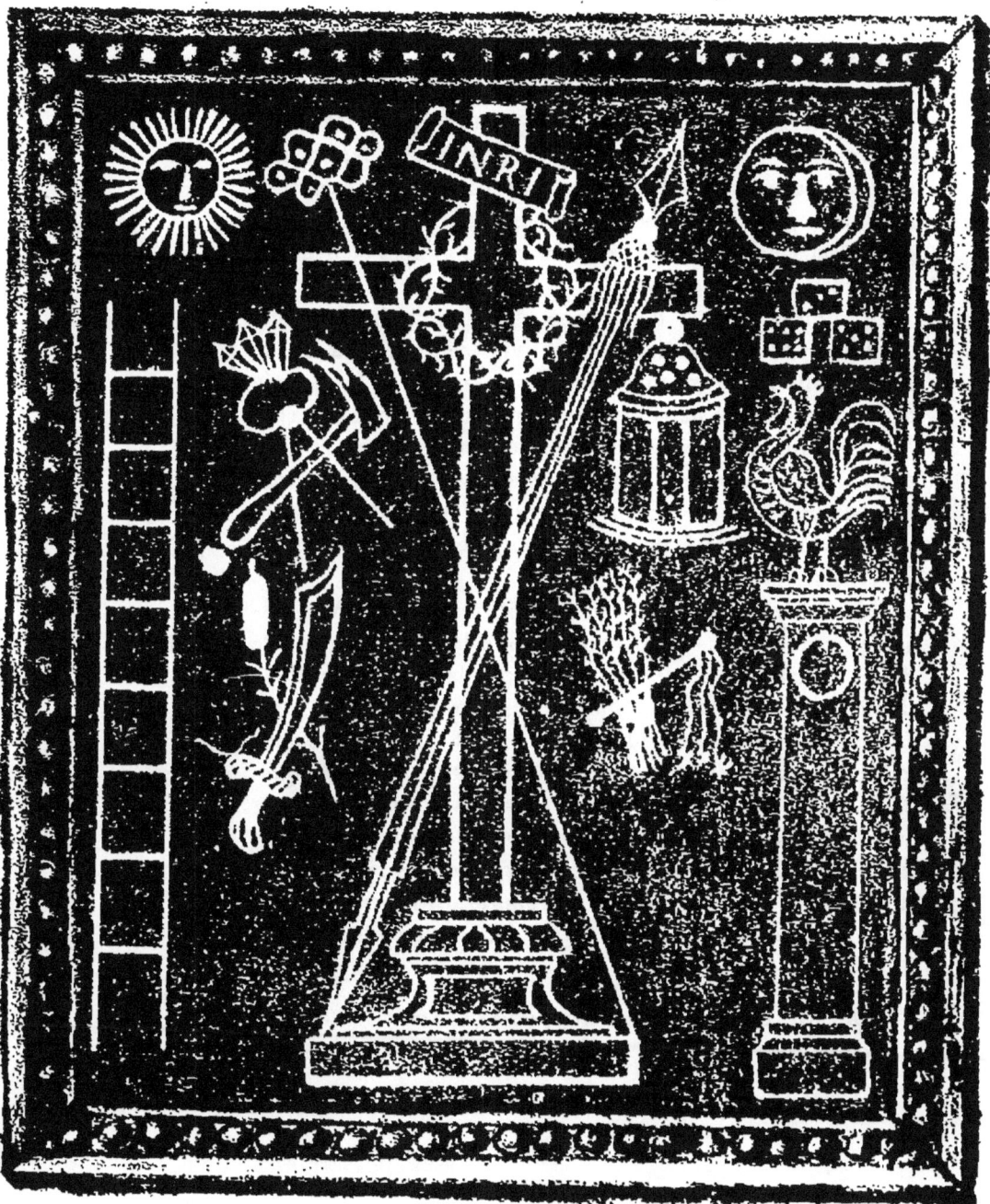

(Collection de M. l'abbé Boutillier)

grandes figures de fausses divinités, à 6 livres pièce ; deux amours à devise, à 3 livres pièce ; quatre bergeries, à 2 livres pièce ; un cylindre, une pomme de canne, deux *râpes* de la même façon que la pomme, une bourse de petits grains des plus fins, une paire de mulle de petits grains, une paire de bracelets de petits grains superfins.

Le sieur Boulliot, aussi émailleur, fournit : vingt-six figures, à 2 livres pièce, et deux figures de dévotion, à 6 livres ; un cylindre, douze corbeilles ; douze cygnes qui vont sur l'eau, à 15 sols pièce ; cinq paires de bracelets, à 4 livres la paire ; sept bouquets des plus beaux, à 2 livres pièce ; deux douzaines de papillons, trois grosses de fleurs, à 10 livres 16 sols la grosse (1).

Le compte de 1741 mentionne aussi sommairement que celui de 1730 la somme de 550 livres délivrée « au sire de Bourgniolle », maître de la manufacture royale de la verrerie de Nevers, pour cristaux présentés à madame l'Intendante (2).

Cependant, les archives du département nous ont conservé plusieurs des derniers registres des livraisons faites par Mme de Borniol, et en parcourant ces pages on croit un instant voir revivre le magnifique étalage de notre *murano* nivernais.

A la fin de novembre 1754, expédition est faite à M. Cristiane, à Moulins, — sans doute pour les étrennes, — de douze douzaines d'*oiseaux*, à 18 sols la douzaine ; deux douzaines de *chiens*, au même prix ; quatre *cerfs*, taxés 6 sols ; deux douzaines d'*animaux*, à 18 sols ; quatre douzaines de *petits oiseaux*, à 6 sols la douzaine ; seize *bouquetiers*. Au mois de janvier 1755, il est envoyé au même, par le carrosse, quatre douzaines d'*animaux*, à 40 sols la douzaine ; six *tourniquets* pour balancier, à 10 sols pièce ; douze douzaines de *petits oiseaux à épingle*, à 1 livre 16 sols ; deux *montres*, à 14 sols. Au même encore, le mois de juillet

(1) Archives communales de Nevers, série CC. 315.
(2) *Idem*, série CC. 202.

suivant, il est expédié douze *christs d'émail* avec les têtes de morts et écriteaux, à 15 sols pièce, qui font 9 livres ; huit figures de quatre pouces, à 40 sols pièce ; deux *pyramides à deux bras*, de douze pièces chaque, etc.

Dans le mois de mai 1753, envoi est fait à M. Roselet, marchand de cristal à Lyon, sur le quai des Augustins, de vingt-quatre *figures « crotexe »*, à 14 livres la douzaine ; dix-huit *balanciers*, à 12 livres la douzaine, etc.

Il serait trop long d'énumérer en particulier les articles curieux expédiés aux divers marchands de faïences et de cristaux de Moulins, de Bourges, d'Orléans, de Clermont, de Riom ; de Paris, près l'horloge du Palais, rue Saint-Denis et rue Joffroy-l'Aîné ; de Lyon, près le Change, rue Saint-Jean et quai des Célestins ; de Saumur, de Bordeaux ; — aux marchands bijoutiers et miroitiers de Montpellier et de Lyon. Mais on nous saura gré, sans doute, d'indiquer sommairement les différents objets fabriqués par nos verriers avec leurs principales variétés.

Premièrement, les verres et gobelets sont ainsi désignés sous le même nom (1) : gobelets *d'office* d'une ou de deux pièces, gobelets *à fondot*, gobelets *à anse*, gobelets *à pied à demi-côte*, gobelets *à côtes*, gobelets *à fleurs* de trois ou de quatre pouces, gobelets *à la choveline* de deux, trois et quatre pouces de haut, autres gobelets *à fleurs* de six pouces de haut, gobelets *à la capucine*, petits gobelets *à glace*. — Nous sommes heureux, grâce à la générosité tout aimable d'un de nos collègues, de présenter ici le dessin d'un de ces charmants gobelets à côtes et à anse offert sans doute par Mme de Borniol à sa noble voisine, Marie-Claire de Saillans, la dernière abbesse

---

(1) Il est à peine besoin d'observer ici que généralement, dans les verreries, les verres à boire reçoivent différentes dénominations. Tandis que le verre de forme cylindrique, reposant sur un fond plat, est désigné sous le nom de *gobelet*, celui qui est composé d'une coupe, d'une jambe et d'un pied, est désigné sous le nom de *verre*. On voit cependant qu'à la verrerie de Nevers on désignait ces derniers sous le nom de *gobelets à pied*.

M. C. DE SAILLANS · ABBESSE DE N...

GOBELET à côtes et à anse ....
appartenant à M. le Docteur Robert St Cyr fils à Nevers

de Notre-Dame de Nevers (1763-1791), dont le nom et les
armoiries sont très-artistement gravés sur le cristal (1).

Parmi les autres objets usuels viennent ensuite les fioles
ou carafes « à ognions », les bouteilles à glace, — carafes
à l'eau, carafes de chopine et de septier, carafes de demi-
septier à anse, carafes en pot à bière, carafes à goulot, les
carafes *à la bonne femme*, qui sont les plus demandées,
carafes *à la vil roy*, les *prêtresses* et les aiguières; — puis
les soucoupes et sucriers, — les compotiers brillants, à côtes
ou unis, — les boîtes à confiture avec leurs couverts, — les
tasses à glace ou à neige, — les saliers à pied ou à griffe, —
les assiettes, — les cuvettes avec huiliers et bouchons à fleurs
de lys, — les moutardiers avec leurs cuillères; — les pièces
de dessert ou pyramides à deux bras en cœur ou à quatre
bras à fleurs; — les lampes rondes ou lamperons, pour
mettre dans des chandeliers, les lampes à la jésuite, les
lampes d'église, les lampes à trois ou quatre tuyaux, les
veilleuses ou lampes de nuit avec bobèches, les fallots avec ou
sans pied, les lanternes avec ou sans chapiteaux, les lanternes
en cul de marmite, les flambeaux de toilette, les bougeoirs;
— les pots à fleurs à deux, trois ou quatre bras, les flacons
de poche; — les écritoires à pompes ou à tuyaux, à bobèche,
à trois trous avec le cornet; — les cuvettes et burettes pour la
messe; — les bénitiers de formes très-gracieuses et variées et
dont on rencontre encore de fort jolis spécimens; — des
niches à vierges, des bocaux, etc. (2).

(1) M. le Docteur Robert Saint-Cyr fils, outre ce précieux objet, possède aussi un très-beau pastel représentant l'abbesse de Nevers. Ce
tableau et le verre proviennent de la succession de Mme Boucaumont,
veuve de l'ancien député de la Nièvre et maire de Nevers, alliée à la
famille de Saillans.

(2) Jusqu'aux objets d'usage plus vulgaire réservés jusqu'alors aux
faïenciers : les cuvettes de garde-robe, les « hurinoirs », les abreu-
voirs à moineaux, etc. — Ajoutons encore que le 12 juin 1754, il est
envoyé à Mme la générale de La Motte cinq cents fioles, à 35 livres le
cent, qui font 175 livres; à la même, le 13 juillet 1755, neuf cents
fioles, qui font 315 livres; à la même, « à présent de Carabiahit ».

Ce n'est pas tout. Les registres de livraisons de Mme de Borniol nous font aussi connaître le très-curieux détail des fournitures faites aux émailleurs non-seulement de Nevers, mais d'Orléans, de Paris, de Saint-Germain-en-Laye, de Saumur, etc.

On se rappelle que Louis Castellan se vantait d'avoir le secret de ses ancêtres pour allier différents métaux et pour varier les couleurs du verre ; aussi bien nos émailleurs trouvaient-ils à la verrerie les tubes de verre de toutes couleurs et les 'baguettes ou canons d'émail de verre solide, également de toutes couleurs, nécessaires à la confection de leurs gracieux ouvrages (1).

Dans les deux années 1753 et 1754, l'émailleur de Nevers

veuve du général de La Motte, rue de Richelieu, vis-à-vis les écuries de feu Mme la duchesse d'Orléans, huit cent quinze fioles, à 7 sols pièce; et en janvier 1765, cinq cent quatre-vingts fioles, à 35 livres le cent.

(1) Dès leur arrivée à Nevers, les verriers et les émailleurs avaient vécu dans une parfaite union ; les émailleurs, nous l'avons précédemment constaté (p. 51), complétaient les œuvres des verriers. C'est ainsi que dans le midi de la France, en 1605, Raymond de Forgues, chevalier. agissant au nom du duc d'Epernon, commandait à « Albert Diades. émailleur du Roi, deux lampes en forme de chandeliers, à pandre au planché, de pareille façon que ceux qu'il a ci-devant faict pour le Roy, non toutefois de cuyvre, mais de bois doré d'or de feuilhe et garny de *cristal de veyre.* » *(Bulletin de la Société historique de la Charente,* 5e série, t. IV, année 1881). Or, ce *Diades* nous paraît avoir une grande parenté avec les *Dièdes* qui, dans le même temps, se rencontrent à Nevers M. du Croc de Segange (*La Faïence, les Faïenciers et les Émailleurs de Nevers,* p. 252), a cité, d'après les registres de la paroisse Saint-Sauveur, noble homme François Dièdes, émailleur du Roi, le 5 septembre 1628; — mais plus anciennement, nous rencontrons Martin Dièdes, émailleur de Mgr le duc de Nivernois, comme acquéreur, le 22 février 1588, du lieu de La Tournelle, aujourd'hui appelé la *vieille verrerie;* — le 2 avril 1592, ledit Martin en fait donation à Charles Dièdes, son fils; et le 9 janvier 1613, adjudication par décret en est faite au sieur Ponté. (Arch. hospitalières de Nevers, B. 9.)

Il nous a paru intéressant de signaler à nos confrères du Midi ce rapprochement entre leurs émailleurs et ceux du centre de la France.

Mourillon (1) prend chez Mme de Borniol 26 livres de *canon blanc* ou blanc massif, à 32 sols la livre; — 23 livres d'*aigue marine*, au même prix; — 5 mailes (2) de *bleu*, à 6 livres chaque maile; — quatre mailes de *vert*, à 4 livres 10 sols; — une maile de *jaune*, à 3 livres; — une maile de *couleur de cheveux*, à 5 livres 10 sols; — trois mailes de *gris de lin*, dont deux à 5 livres 10 sols chacune, l'autre pesant trois livres, évaluée 8 livres 5 sols; — 12 livres de *noir*, à 26 sols, etc.; les garçons ou apprentis du sieur Mourillon ont soin de se faire donner une livre de cristal et quatre livres et demi de *canette*, qui sont aussi portés sur le compte.

Parmi les autres livraisons de Mme de Borniol, nous remarquons la *couleur feuille morte*, à 40 sols la livre; — une maile de *couleur de chair*, à 3 livres 4 sols, fournie à Claude Dufour, émailleur de Nevers (3); — le canon *couleur chocolat*, à 40 sols la livre; — le canon *roche*, le canon *chambourin*, le canon *noir*; — le *blanc de lait*, à 32 sols la livre, le *violet*, l'*améthyste*, au même prix, etc.

" Tous ces détails, bien que sommaires, suffisent à justifier l'admiration que témoignaient autrefois les étrangers pour les verreries et les émaux de Nevers; et sans doute, à l'exemple de nos collègues déjà cités, d'autres amateurs se rencontreront qui voudront recueillir et collectionner avec ardeur les épaves, malheureusement bien rares, à cause de leur trop grande fragilité, des productions de nos artistes verriers.

(1) Il signe ainsi : *Mourillon*, mais on l'écrit habituellement *Morillon*, et M. du Broc l'a désigné de même dans les *Émailleurs de Nevers*, p. 255.

(2) *Mailes* ou pains. Les émaux de diverses couleurs étaient mis en branches ou en pains pour l'usage des émailleurs.

(3) Une note portée au registre observe ici que M. Dufour a laissé à prendre sur ce qu'il doit à ladite dame 41 livres 10 sols sur M. Roselet, pour des figures d'émail qu'il lui a envoyées. (Voir plus haut, page 102, les envois faits à M. Roselet, marchand de cristal à Lyon).

Revenons à la dame Catherine Lévêque, veuve de messire Bernard de Borniol et dernière maîtresse de la verrerie.

La crise industrielle, qui commençait alors à se faire sentir si péniblement en France, avait eu à Nevers un contre-coup bien menaçant. Le 5 septembre 1743, le Parlement enregistrait un arrêt du conseil revêtu des lettres-patentes, fixant à onze le nombre des manufactures de faïence de notre ville et ordonnant qu'au fur à mesure qu'elles tomberaient elles seraient réduites à huit. La manufacture de verrerie et cristallerie royale de Nevers, comme elle s'intitulait alors, ne pouvait manquer de ressentir le même malaise général.

En 1771, Mme de Borniol adresse au lieutenant-général du bailliage de Saint-Pierre-le-Moûtier une supplique, disant qu'elle a éprouvé dans l'exploitation de la verrerie de Nevers des pertes si considérables, soit par l'affaiblissement du commerce, soit par l'augmentation excessive du prix de travail des ouvriers et des matériaux nécessaires pour la fabrication, qu'elle s'est trouvée tout-à-coup surchargée par les dettes et réduite à l'impuissance de les acquitter dans les termes qu'elle a pris, pourquoi elle recourt à l'abandon de ses biens, si mieux n'aiment ses créanciers lui accorder le terme de douze années pour les payer, sans intérêts ni frais. Elle espère, en effet, si les créanciers se prêtent à lui donner du temps, reprendre le travail de la manufacture qui, joint au produit de ses domaines de Vauzelle et de Roze, en la paroisse de Varennes, et autres locatures suffira pour les acquitter dans le temps qu'elle demande.

Le tribunal de Saint-Pierre-le-Moûtier accueillit favorablement cette courageuse supplique, et le 23 août de la même année 1771 il octroyait à la dame de Borniol commission pour faire assigner ses créanciers à la fin de sa requête.

Au mois de février 1775, lors de la cessation des travaux, Jacques François de Borniol, écuyer, sieur de Fourchambault, neveu de Bernard de Borniol, qui avait quitté Nevers et s'était retiré d'abord à la Morellerie, en Anjou, puis s'était rapproché de son pays natal en venant travailler à la verrerie d'Apremont, revint définitivement à Nevers et se joignit à la dame Catherine Lévêque pour adresser une supplique au roi, demandant à Sa Majesté de leur accorder conjointement le privilége de faire valoir la verrerie de Nevers, attendu que les deux fils de ladite dame ne peuvent continuer la profession de leur père, l'un étant au service de Sa Majesté, l'autre prêtre et chanoine de la cathédrale (1).

La permission fut accordée par le roi, en son conseil, le 21 février, mais elle ne paraît pas avoir eu de résultat bien sérieux, et il fallut peu après en arriver à l'abandon complet de la verrerie...

C'est aussi dans le même temps que fut établie, vers 1780 ou environ, près le pont de Loire, au lieu dit *le Canton fertile*, par un M. Guynet, une verrerie à bouteilles, qui n'eut d'ailleurs qu'une existence éphémère, bien que le souvenir s'en soit perpétué par le nom de la *rue de la Verrerie*.

Le 11 germinal an II de la République, en conséquence d'un arrêté du citoyen Noël Pointe, représentant du peuple, qui chargeait le citoyen Gazeran, commissaire du comité de Salut Public, de mettre en réquisition, dans le plus bref délai, la verrerie de Nevers délaissée, pour le service des fonderies de canons du département de la Nièvre ; ledit citoyen Gazeran, assisté des citoyens Martin, membre de la Commune, et Talbotier, administrateur du district, se transportait à ladite verrerie, « qu'ils ont trouvée abandonnée depuis environ trois années par les propriétaires et fermiers...; non-seulement tous les lits et meubles avaient été retirés des bâtiments par le citoyen Guynet, mais les sept huitièmes des fers, outils et ustenciles nécessaires à l'exploitation d'une verrerie avaient été enlevés ».

La verrerie consistait dans deux grandes halles contenant

(1) Sur le registre des livraisons de Mⁿᵉ de Borniol on voit, de temps en temps, qu'il a été fait traite sur tel débiteur, au profit de M. Damour, prieur des Jacobins de Bourges, pour payer le quartier de la pension de Borniol (son fils) au séminaire.

chacune un grand four de fusion et six cargaises ou fourneaux servant à recuire les bouteilles, avec des plaques de fonte de fer de 2 pieds de hauteur sur 18 à 20 pouces de largeur, servant auxdits fourneaux ; deux vieilles chaudières de fonte de fer et une en mitraille de 2 pieds de diamètre ; une éburge ou pelle de fer pour placer les pots dans le four de fusion et dont le manche a 18 pieds de longueur sur 2 pouces en carré.

Dès cette époque se trouvaient aussi déposés dans la « cy-devant église Saint-Laurent », la vieille église tant aimée des anciens gentilshommes verriers, quantité de pots de 23 pouces de diamètre sur 24 pouces de hauteur, « qui ne peuvent servir qu'à faire des briques de verrerie, vu le mauvais état où ils se trouvent » ; du ciment de verrerie tamisé pour en faire des pots, des pierres composées de sable et d'argile, etc.

C'est dans les bâtiments de la verrerie de M. Guynet que M. Neppel, de Paris, établit en 1816 la fabrique de porcelaine qui, depuis, s'y est maintenue avec honneur...

Quant à la verrerie des Borniol, la dernière mention s'en retrouve dans les registres d'adjudications des biens nationaux de la ville de Nevers, où est inscrite, à la date du 17 août 1791, la vente de la maison dépendante du ci-devant prieuré de *Saint-Gildas*, située rue de la Tartre, n° 184, avec un passage le long de la halle de *l'ancienne verrerie*, le tout adjugé moyennant la somme de 6,000 livres.

Malheureusement, le vieux numérotage de la ville disparaissant tous les jours, quoique fortement et très-habilement gravé dans la pierre, le n° 184 n'existe plus (1).

_____

(1) La façade de cette maison avait été reconstruite. On trouve dans les comptes de la ville (CC. 333) cette note de 1770 : « Au sieur Bouteix, chanoine régulier et procureur de Saint-Martin, fondé de la procuration du sieur prieur de Saint-Gildard, indemnité de 400 livres pour la démolition et reconstruction de la face de la maison appelée « la Verrerie », qui formait une avance de sept à huit pieds sur la voie publique. »

Mais nous savons que la fabrique de faïence dite de Bethléem, établie aussi dans la rue de la Tartre, et qui porte aujourd'hui le n° 6, tenait, du couchant, à la maison de Saint-Gildard ; or, au-dessous de la porte de cette ancienne manufacture, bien facile à reconnaître par la petite niche à dais gracieusement sculpté qui la surmonte, on distingue l'ancien n° 183, puis, un peu plus bas, du même côté de la rue, sur une autre maison, on rencontre le n° 186 ; il n'y a donc pas à hésiter sur l'emplacement précis de la dernière verrerie et cristallerie royale de Nevers.

En vain, d'ailleurs, chercherait-on auprès des habitants de cette rue de la Tartre, qui pendant plus de deux cents ans a vu les verriers à l'œuvre, le plus modeste souvenir d'une industrie autrefois si florissante et l'orgueil de la cité ; tout, même le nom de la verrerie, est tombé dans le plus profond oubli...

Le nom des Borniol est également très-peu connu, bien que remis en honneur, il y a quelques années, en 1868, par un de nos collègues, dans la personne d'un des membres de la branche qui portait le titre de sieurs de Fourchambault (1).

Des deux fils de Mme de Borniol des Rochers, le plus jeune, Claude-François, qui était militaire, quitta sa ville natale et épousa, en 1783, en la ville de Saint-Marc, île et côte de Saint-Domingue, dame Marie-Catherine-Espérance-Émilie-Alexandre d'Hanache, fille de défunt Jérôme-Marie-Hugues-Alexandre d'Hanache, ancien capitaine de cavalerie, chevalier de Saint-Louis, veuve en premières noces de Marguerin-Philippe de Briou, substitut honoraire au Parlement, l'un des conseillers à la Cour des aides de Paris. Claude de Borniol

---

(1) M. de Laugardière, aujourd'hui conseiller honoraire à la cour d'appel de Bourges, alors substitut à Nevers, avait recueilli à cet effet un grand nombre de documents qu'il a bien voulu nous communiquer, parmi lesquels l'acte d'inhumation dans le cimetière de la paroisse d'Ivoy-le-Pré (diocèse de Bourges) de Jacques-François-Catherine de Borniol, écuyer, sieur de Fourchambault, époux de dame Jeanne-Françoise Le Blanc, directeur de la verrerie dudit Ivoy-le-Pré.

est alors qualifié, sur son contrat de mariage, de maître de la verrerie royale de Nevers, capitaine au régiment du Cap et de présent en la ville de Saint-Marc, île et côte de Saint-Domingue. Il fut nommé chevalier de Saint-Louis le 12 août 1784. De son mariage il eut un fils, Adolphe-Henry-Gratien, qui, à la révolution de Saint-Domingue, fut embarqué pour l'Angleterre et incorporé dans l'armée, puis vint en France, où il quitta bientôt le service militaire, et mourut à Paris en 1858. Il s'y était marié et avait eu un fils, Henri-Joseph de Borniol, marié en 1863 dans l'église Saint-Philippe-du-Roule, et aujourd'hui père de dix enfants (1).

L'aîné des frères Borniol, Pierre-Bernard, prêtre, chanoine de la cathédrale, qui avait été pourvu en 1779, par le duc de Nivernais, de la chapelle de Sainte-Marie-Madeleine, érigée et dotée au château de Nevers par la comtesse Mathilde, quitta aussi la France à la Révolution. On raconte qu'avant de partir il eut le courage de se présenter à l'assemblée populaire de Nevers, où il adressa de vifs reproches à ses concitoyens sur leur intolérance et leur mépris de la religion, déclarant qu'il ne voulait plus demeurer dans un pays indigne de posséder les anciens ministres de la religion de Jésus-Christ, et qu'il n'y rentrerait pas. Il émigra au Canada, où il fut curé sur les bords du fleuve Saint-Laurent (2).

Cependant, en 1805, une fille d'Antoine de Borniol, demoiselle Jeanne-Catherine, vivait encore à Nevers. Ayant perdu toute trace de sa famille, et animée de l'esprit religieux de ses ancêtres, à l'exemple de la demoiselle d'Albane, la noble veuve d'Horace Ponté, elle voulut employer à de bonnes œuvres ce qui lui restait de sa fortune. A la date du 6 thermidor an XIII, elle fit don à la fabrique de la paroisse Saint-Cyr de Nevers, l'antique cathédrale qui venait de rou-

---

(1) C'est M. Henri de Borniol qui, lui-même, très-obligeamment, nous a donné connaissance de ces derniers documents sur sa famille.
. (2) Notes verbales recueillies de M. l'abbé Cassiat, doyen d'âge du clergé nivernais.

vrir ses portes, d'une maison sise à Nevers (1), et en laquelle
elle demeurait, près de l'hôtel de la préfecture (c'est-à-dire
l'*Évêché*, alors supprimé) ; ladite maison à elle apparte-
tenant, tant de son chef que comme héritière de feu
Mlle Eugénie-Jacquette Borniol, sa sœur, et dont elle se
réservait la jouissance sa vie durant.

Les charges imposées à la fabrique étaient de faire célébrer
dans ladite église de Saint-Cyr, à perpétuité, le 23 prairial
(ou 12 juin) un service solennel et quatre messes basses, pour
le repos de l'âme de feu ladite demoiselle E.-J. Borniol,
décédée le 23 prairial dernier, et semblables service et messes
à l'époque du décès de ladite demoiselle Catherine. Un décret
de l'Empereur, daté de Boulogne, le 20 thermidor (18 août
1805), approuvait cette donation ; et depuis, chaque année,
le 15 du mois de juillet, un service est célébré et quatre
messes sont dites à la cathédrale aux intentions de noble
demoiselle Jeanne-Catherine Borniol des Rochers, décédée
le 14 juillet 1806, et le 12 juin pour Eugénie-Jacquette de
Borniol-Sully (2).

(1) C'est la maison formant l'angle de la place de l'Évêché avec la
rue de Loire, et qu'habitait dans ces derniers temps Mgr Crosnier.

(2) Archives du chapitre de la cathédrale de Nevers.

CHAPITRE V.

ANCIENNES VERRERIES ÉTABLIES EN NIVERNAIS.

Les verres de fougère et de pierre sont mentionnés dès le quinzième siècle dans les comptes de l'hôtel de ville de Nevers. — § 1er. Verreries du Four-des-Verres, de Giverdy, du Chambon, de La Charité, de Saint-Amand-en-Puisaye. — Principales familles des verriers français, italiens et lorrains : les Despaillards, les de Finance, du Houx, de Borniol ; les Castellan, les de Virgille, de Brossard, de Sarode. — § 2. Verreries du Morvand : La Boue, Chenambret, Roussillon, Apponay, Vandenesse. — Autres familles de verriers : les de Ponard, de Balorre, de Chargères, de Bégots, de Breton, de Marin, de La Godine. — § 3. Les d'Hennezel et les verreries de La Nocle, Prunevaux et Nolay, Bois-Giset, Marsendé, Avril. — Importance de la verrerie de Bois-Giset, ses nombreuses et considérables livraisons de verre en table ou verre à vitres blanc ou de couleur, de grosses bouteilles (ou flacons de verre) carrées et plates assorties ; — curieux documents relatifs à un projet d'émigration en Italie, à Montenotte, par l'intermédiaire des verriers italiens de Nevers, d'une colonie de verriers lorrains du Bois-Giset, pour y établir une fabrique de verre en table. — Verrerie de Fours, dite de Sainte-Catherine, pour la fabrication du verre en table ; on y fait aussi le verre de gobeléterie ; — verreries de Decize.

Les priviléges royaux accordés à diverses époques en faveur des verreries de cristal contenaient, on s'en souvient (1), une curieuse restriction sur laquelle il convient, au début de ce chapitre, d'attirer tout spécialement l'attention : « N'entendons toutefois, portent les lettres-patentes de 1597, préjudicier aux verreries de *Feugère* et de *Pierre* qui se trouveront establies et s'establiront cy-après ès environs de nosdictes

(1) Priviléges de 1597, p. 131 ; — 1661, p. 183.

villes. » Et en 166¹, dans le privilége concédé à Jean Castellan de transporter ses ouvrages aux marchés publics du
royaume, notamment sur la rivière de Loire, depuis Nevers
jusqu'à Poitiers, à l'exclusion de tous autres marchands,
« à l'exception toutefois, est-il dit aussi, des yerres de Venise
et des verres de *fougère verte* qui n'auront été mis en couleurs, lesquels peuvent être débités et vendus dans toute
l'étendue du royaume, *en la manière accoutumée.* »

Un auteur cité par M. Schuermans (1) avait pensé que
Feugère et *Pierre* sont les noms de deux fabricants; mais,
ajoute le sagace historien des *Verres fabriqués aux Pays-
Bas*, il y a lieu de se demander s'il ne s'agit pas de genres de
fabrication. En effet, dirons-nous en empruntant sa pensée,
la verrerie se servait de cailloux blancs pour fournir la silice
nécessaire à la fabrication du verre (2); de là, la dénomination
de « verrerie de pierre ». Quant à celle de « verrerie de *feugère* ou *fougère* », elle rappelle les verres faits de cendres de
fougère (3). De plus, Savary divise aussi les verres à boire en
deux classes : les verres en cristal et les verres de fougère (4);
d'où la conclusion que les priviléges nouveaux concédés

(1) IVᵉ lettre sur les verres fabriqués aux Pays-Bas, p. 114. L'auteur
cité est Poirson, *Histoire du règne d'Henri IV*, 2ᵉ partie, 1ᵉʳ volume,
p. 81.

(2) Voir chapitre II, p. 42, les achats de cailloux blancs de Moulins et d'Étampes.

(3) Le *Dictionnaire universel des mots français*, de Furetière,
s'exprime ainsi : *Fougère* ou *Feugère*, petite herbe qui croist dans
les bois; elle sert principalement à faire du verre, après qu'on l'a
réduite en cendre, à cause de la quantité du sel alcali qu'elle contient.
— Des verres de fougère. — D'après Honnorat, en son *Dictionnaire
provençal*, le mot *fougère* (très-souvent sous la forme *feugère, feu-
chière*), viendrait de *foc* ou *foug, feu*, et signifie la plante de feu ou
destinée au feu, parce qu'on fait brûler la fougère pour en obtenir de
la potasse.

(4) *Dictionnaire de commerce* publié en 1742. — Je m'étonne que cet
auteur ne parle, au mot *Nevers*, que de nos faïences et point du tout
de nos verreries, qui furent pourtant aussi célèbres.

aux gentilshommes italiens ne pouvaient préjudicier à ceux qui avaient été accordés aux anciens verriers (1).

Or, l'usage des verres de pierre et de fougère est mentionné à Nevers, dès le quinzième siècle, dans les comptes de l'hôtel de ville.

Pour la première fois, en 1473, il est donné à un nommé Pelusse (?) 2 sols 1 denier pour verres de lui achetés ; — en 1493, Guillaume Pelace reçoit 3 sols 4 deniers tournois pour douzaine et demie de verres par lui livrés, pour donner à boire, le premier jour de mai, au bail des fermes de la ville, « lesquels verres sont demourez en l'hostel de ville ». Cette même année, il est aussi donné à Jean Butin, verrier, 5 sols tournois « pour verres qu'il a baillés et fournis le jour des Trespassés et lesquels il a laissés en l'ostel de ville ».

En 1497, le receveur délivre 6 sols 8 deniers tournois à Jehan Boudin, verrier, pour « *verres de pierre* par luy baillez pour mettre à boire le jour des Trespassez, lesquels sont demeurés audit ostel (2) ».

En 1503, le feu s'étant pris à Nevers près de l'église Saint-Arigle, la ville donne un demi-tonneau de vin aux compagnons qui s'étaient occupés à l'éteindre ; et pour les faire boire, André Méliart fournit, pour le prix de 10 deniers tournois, une demi-douzaine de *verres de fougière*.

En 1504, il est donné, comme en 1497, la somme de 6 sols 8 deniers à Jean Brein, verrier, pour deux douzaines de verres et deux « esguères de pierre » par lui vendues pour donner à boire aux personnes assistant au bail des fermes de la ville.

---

(1) M. Schuermans traite magistralement cette si intéressante question des verres de *fougère* et de *pierre* au commencement de sa sixième lettre, qu'il a bien voulu nous communiquer et qui doit bientôt paraître.

(2) Dans le même temps, on rencontre dans la chronique de J. de Troye (1478), ce texte curieux : « N'y estoient trouvé que beaux *verres* et esguière de *verre* et *feugière* ». (Citation de M. Schuermans.)

En 1506, il est donné 5 sols tournois seulement à « Jehan Botin, voyrier », pour « *voirres, tant de pierre que autrement* », par lui fournis pour donner à boire à ceux qui mettaient sur les fermes de la ville.

En 1510, lors de la venue du roi Louis XII à Nevers, il fut donné à Huguet le verrier 59 sols 6 deniers tournois pour plusieurs verres, « dont la pluspart ont esté cassez... »

Il n'y a pas à douter que ces verres de pierre ou de fougère ne fussent fabriqués en Nivernais, et tout naturellement nous revient à l'esprit un ancien texte déjà cité : *Sunt et officinæ vitriariæ..., ubi vitra et vasa diversæ delectationis conflantur* (1). Les « verres de fougière » et les « esguères de pierre » sont bien les vases gracieux, charmants, désignés par cette originale expression : *Vasa diversæ delectationis.* Quant aux *vitra*, les verres à vitres destinés à garantir l'intérieur des habitations de l'intempérie des saisons, nous savons déjà qu'ils se fabriquaient dans les importantes verreries de Bois-Giset et dans un grand nombre d'autres localités.

§ Ier. — *Verreries du Four-des-Verres, de Giverdy, du Chambon, de La Charité, de Saint-Amand-en-Puisaye.*

Le pays de Nivernais, en effet, n'était pas seulement, comme l'écrivait Guy-Coquille (2), « commode aux forges, tant à cause des petites rivières dont il abonde qu'à cause des bois et minières », mais l'immense quantité de ses forêts devait surtout favoriser les usines verrières. Et sans remonter jusqu'au Morvand, — nous y arriverons bientôt, — toute cette contrée qui comprenait les paroisses de Nolay, Prunevaux, Saint-Benin-des-Bois, Sainte-Marie, Saint-Martin, Giverdy..., dans les cantons de Pougues et de Saint-Saulge, était couverte de verreries.

(1) Voir plus haut, note de la page 52.
(2) *Histoire du Nivernois.*

Cassini, sur sa belle carte, a noté les noms d'allure ancienne de *Chetifour*, à Saint-Benin ; de *Four-Vieux*, à Sainte-Marie ; et ces fours sont bien des fours à verre. Un acte de 1478, cité par M. de Soultrait (1), mentionne le *Viel-Four-aux-Voires ;* les documents écrits confirment aussi la vérité de nos assertions :

Dès l'année 1326, Adeline, veuve de Gauret, *alias* Goret, *maître du Four-des-Verres*, et Minet, son frère, rendent hommage au comte de Nevers pour la maison des Paillards, paroisse de Saint-Benin-des-Bois. En 1335, pareil hommage est fait par Denis, fils de Minet, *maître du Four-des-Verres*, et de feue Isabelle, fille de feu Hugues Cretti, pour des maisons en ladite paroisse de Saint-Benin-des-Bois. — En 1464, Gibauld des Paillards, écuyer, rend hommage pour *le four et les verrières* de sa maison de Saint-Benin-des-Bois, appelée les Paillards. — Cette même année, et en 1468, Guillaume des Paillards renouvelle l'hommage au comte de Nevers pour sa maison des Charmes du *Four-des-Verres*, déjà fait en 1456 par Étienne des Paillards (2).

Le 20 août 1582, dénombrement est fait par Jacques des Paillards, écuyer, seigneur de Ratilly et de la Varenne, et par Charlotte des Paillards, sa nièce, héritière de feu noble homme Pierre des Paillards, écuyer, frère de Jacques, pour le bois de Ratilly (3).

Cette famille des Paillards, originaire de Bourgogne (4), possédait donc les verreries du *Four-des-Verres* ou *Four-Vieux* dès le commencement du quatorzième siècle (5). On

(1) *Dictionnaire topographique du département de la Nièvre.*

(2) *Inventaire des titres de Nevers*, de l'abbé de Marolles, publié par M. le comte de Soultrait, col. 129.

(3) *Inventaire* de Marolles, col. 126.

(4) *Armorial du Nivernais*, par M. le comte de Soultrait, t. II, p. 120.

(5) Une autre localité portant le nom de *Four-au-Verre* se trouve sur la commune de Maux ; mais, dans le pays, aucun habitant n'a jamais entendu parler de la verrerie. D'ailleurs, un texte de 1530

les retrouve également à la même époque dans une paroisse voisine, à Giverdy, aujourd'hui simple hameau de la commune de Sainte-Marie.

En 1443, Grégoire des Paillards rend hommage au comte de Nevers pour la terre de Giverdy, tenue en 'fief du seigneur de Juilly. — En 1516, Charles et Guillaume des Paillards sont qualifiés écuyers, sieurs de Giverdy (1). Les registres de cette ancienne paroisse sont d'ailleurs remplis de leur souvenir : En 1633, le 10 avril, est baptisé Léonard, fils de noble Charles Despaillards, écuyer, seigneur de Chambon, verrier audit Giverdy, et de demoiselle Nicolle de Ponard. Le parrain est haut et puissant seigneur Léonard d'Armes, seigneur de Busseaux, Moussy, Vesvre et Rouy; la marraine demoiselle Marie de Ponard, fille de défunt Charles de Ponard, seigneur de Mazille (2).

Dans cette verrerie de Giverdy se rencontrent ensuite alliés aux des Paillards nos verriers italiens, puis en grand nombre les gentilhommes verriers d'origine lorraine : dès

---

écrit : *le Fourt-aux-Vouesvres. (Dictionnaire topographique du département.)*

Ce qui pourrait être plus sérieux, c'est une autre mention de localité portant le nom de *Four-des-Verres* ou *Four-aux-Verres*, à Faulin, ancien fief de la châtellenie de Luzy, aujourd'hui moulin de la commune de Saint-Léger-de-Fougeret. On trouve dans la collection des pièces de feu M. Lorry, de Moulins-Engilbert : Pierre et Guy de Jacquinet, seigneurs de *Four-aux-Verres*, en 1639 ; — le 21 janvier 1564, mariage de noble homme Artus de Ponard, fils de feu Jean de Ponard et de damoiselle Jeanne de Breuille, avec damoiselle Barbe Jacquinet, fille de noble homme Guillaume Jacquinet, seigneur du *Four-des-Verres-de-Faulin;* — en 1627, François Jacquinet est qualifié seigneur de *Faulin*. Un titre de 1243, aux archives de l'église de Villapourçon, mentionne *Foresta de Faulin*. Qu'une verrerie ait existé dans cette forêt, on peut parfaitement le présumer !

(1) *Inventaire* de Marolles, col. 175, 140, 130.

(2) Nous devons à M. le baron d'Espiard et à M. R. de Laugardière la communication de presque tous les extraits des anciennes paroisses de Giverdy, Rémilly, Fours, Savigny-Poil-Fol, etc., relatifs aux gentilhommes verriers.

1635, Honoré *de Bourniol*, époux de demoiselle Marie des Paillards, fille de Charles, est fréquemment cité ; — le 28 décembre 1661 est baptisé Annet, fils d'Honoré *de Brignolles*, écuyer, et de demoiselle Marie de Chambon. Le parrain est un gentilhomme verrier lorrain, *Élie de Finance*, écuyer ; la marraine demoiselle Anne de Testefort, dame de Talon. Assistent comme témoins *Henri de Finance* et Pierre de Maupuy, écuyers.

Le 21 juillet 1641 est baptisée Claire, née le 6 de ce mois, fille d'Antoine *de Hou* et de demoiselle *Annette du Boys*. Le parrain est Paul des Paillards, la marraine Claire du Bois. — Le 20 septembre 1646, baptême de François, fils de Claude *des Bigot*, écuyer, et de demoiselle Rachel *de Hou ;* parrain, François *du Houx*, écuier ; marraine, damoiselle Jeanne de Mathieu, épouse de François de Charry, écuyer, seigneur de Giverdy en partie. Ces deux familles sont tout d'abord durement éprouvées : En 1643, Antoine *de Hout*, « écuier, du pays de Lorraine, à présent demeurant à Giverdy, » voit mourir sa femme, *Anne du Boys*, qui est inhumée dans l'église le 8 décembre. — Le 13 octobre 1646, ‹ Marc *de Hou*, travaillant en la verrerie de Giverdy », *sepultus est in ecclesia.* — A trois jours de distance, le 16 octobre, meurt damoiselle Rachel de Hou, femme de Claude *des Bigot, et sepulta est in ecclesia.* — Le 29 mars 1650 meurt damoiselle de Hou, « mère au sieur Antoine de Hou », laquelle aussi est inhumée dans l'église.

Le 31 janvier 1660, Claude *du Ou*, écuyer, est parrain avec demoiselle Jeanne de Charry, marraine de Jean-Claude, fils de Guillaume Gobet, *fondeur de la verrerie de Giverdy*, et d'Élisabeth Lamontre. — Le 21 novembre 1698, Étienne *Diou*, qui signe : *E. du Houx*, écuyer, se marie avec damoiselle Marie *de Bourniolle*, en présence de MM. de Bongars, Bourniol, Virgile, et autres parents et amis.

Le 9 octobre 1699 est baptisée, à Aubigny-le-Chétif, Jehanne, fille de Jean *du Houx*, écuyer, et de damoiselle Marguerite des Paillards.

Le 7 avril 1658, à Giverdy, avait été baptisé Claude, fils de Gabriel de Bérule, écuyer, et de damoiselle Claude de Paillards. Claude de Charry, fils de Francois, déjà cité, capitaine du régiment de Bourgogne, étant parrain ; damoiselle Marie des Paillards marraine.

A cette simple énumération de tant de noms qu'il serait trop facile de multiplier encore, on devine l'importance de cette ancienne verrerie de Giverdy (1). Il est à regretter que nous n'ayons pu rencontrer aucun document sur ses produits que transportaient dans la province les vigoureux confrères de la confrérie de Saint-Jacques et Saint-Christophe, ainsi que nous l'apprend cet extrait des registres de la paroisse : Le 27 mai 1660, a été inhumé au-devant de la porte de l'église, aux pieds de son mari, Marguerite Chevallier, veuve de Jean Jausson, *marchand porte-à-col de verre* en la province de Nivernais.

Le Chambon, localité toute couverte de bois, aujourd'hui simple hameau de la commune de Sainte-Marie, comme Giverdy, était aussi le siége d'une verrerie appartenant d'ancienneté aux des Paillards, puis par alliance aux Borniol, qui se qualifiaient sieurs de Chambon.

En 1658, Honoré de Borniol, déjà précédemment cité, portait plainte contre un sieur Fity qu'il accusait d'avoir fait paître ses bœufs dans les bois taillis dépendant de *la verrerie de Chambon*. Parmi les dépositions des témoins se trouve celle de Simon de Gastet, jeune homme de dix-sept ans, écuyer, sieur de Serville, demeurant en la verrerie de Giverdy (2). Le 18 novembre 1692, Annet de Bourniol, écuyer, sieur *des Maillys du Chambon*, dont nous avons vu précédemment le baptême en 1661, épouse, en l'église de Giverdy, Marie Dugué, fille de maître Esme Dugué des

(1) Voir aux pages 82 et 83 un acte de 1681 mentionnant un ncien tiseur et le maître de la verrerie de Giverdy.

(2) Archives de la préfecture, fonds du présidial de Saint-Pierre-le-Moûtier.

Gouttes, notaire royal, et de dame Gabrielle Legoing. Le 20 juillet 1702, est inhumée dans l'église, devant l'autel de la Vierge, demoiselle Marie des Paillards, veuve de *M. de Bourniol*, pour laquelle se doit dire, les samedis, la messe pendant un an et un *Libera* les dimanches; — en 1758, Léonard de Borniol demeure en sa maison seigneuriale de Chambon; — en 1785, Madeleine de Borniol, femme de Claude Cornu, afferme sa propriété de Chambon...

Si, laissant l'arrondissement de Nevers, nous remontons maintenant la Loire pour pénétrer dans l'arrondissement de Cosne, là aussi se rencontrent des verreries à *La Charité*, à *Saint-Amand-en-Puisaye*... M. l'Archiviste du département, qui dépouille actuellement les archives de l'état civil, veut bien nous signaler, dans les registres de l'ancienne paroisse de Sainte-Croix de La Charité, les actes de baptême de trois enfants de Pierre-François Castellan, écuyer, seigneur de Rose, « maistre de la verrerie de cette ville », et de demoiselle Marie-Anne Maillard. Le premier enfant, Pierre-François, baptisé le 26 février 1702, a pour parrain maître Pierre Maillard, procureur au baillage de La Charité, bailli de Soury, et pour marraine demoiselle Catherine Destrappes. Le second enfant est une fille, Marguerite, baptisée le 27 mars 1703; le troisième se nomme Jean-Bapsiste, baptisé le 30 mars 1706; il a pour parrain maître Jean-Baptiste Grasset, avocat; pour marraine, demoiselle Marie-Anne Leblanc.

Trois ans plus tard, le 24 décembre 1709, se trouve l'acte d'inhumation dans l'église du corps de maître François Castellan de Rose, gentilhomme verrier, âgé d'environ quarante ans.

Je me souviens d'ailleurs que l'auteur du *Nouveau voyage de France, géographique, historique et curieux*, imprimé à Paris, en 1778, après avoir vanté à Nevers le *Petit Muran de Venise*, ajoutait : « Les ouvrages de verrerie sont aussi fort en vogue à La Charité. »

M. de Flamare nous signale également, dans les registres de la paroisse de Saint-Amand-en-Puisaye, plusieurs actes concernant les verriers d'origine française, lorraine ou italienne établis en cette localité dès longtemps célèbre, surtout par ses poteries de grès, dont il se fait un grand débit dans toutes les contrées voisines.

Le 25 juillet 1727 est inhumé dans l'église Gilbert de Coulon de Monceneau (1), gentilhomme verrier, qui s'est trouvé submergé et noyé dans un étang de cette paroisse, et ayant donné des preuves de la religion catholique, en présence des sieurs Claude de Virgille, Georges de Virgille et Gaspard de Virgille, gentilshommes verriers.

Ce Gaspard de Virgille est inhumé, deux ans plus tard, dans l'église également, le 1er octobre 1729, en présence de nobles hommes Jacques de Virgille, son frère; Jean de Finance du Rozay et Claude de Virgille, aussi son parent.

Le 6 avril 1730, autre inhumation d'Alexandre de Brossard, décédé la veille, gentilhomme originaire de la paroisse de Saint-Germain-du-Mage, proche La Ferté-Vidame, diocèse de Chartres, âgé de vingt-deux ans, en présence de messire Jean de Finance du Rozay, gentilhomme déjà nommé; de messire de Virgille de Chambon et de messire *de Borgniole*, tous deux gentilshommes.

Ce Jean-Baptiste de Finance, dont la femme, dame Anne Geneviève de Vatkaire, est inhumée le 25 octobre 1743, meurt à son tour en 1745, et l'inhumation a lieu le 6 octobre, en présence de messire Edme-Louis de Vatkaire de Garchy, et messire Jean-Georges de Vatkaire, ses beaux-frères.

Le 14 juin 1746 est célébré le mariage entre messire Claude de Virgille de Saint-Martin (2), fils majeur de défunt messire Jean de Virgille de Saint-Martin, vivant écuier, et de demoiselle Claude Pierre, ses père et mère, et Reine

(1) *Monceneau*, ancien fief de la châtellenie de Decize, est aujourd'hui une ferme de la commune de Diennes.

(2) Ancienne paroisse de Saint-Martin-de-la-Bretonnière, aujourd'hui réunie à Sainte-Marie.

Guillerand, veuve de Louis Vadois, de la paroisse de Moutiers, en présence de messire Paul de Coulon, écuier, seigneur de Lafond; messire Pierre du But, écuier, seigneur du Crocq.

On rencontre aussi, le 5 avril 1731, comme parrain, un Jacques de Sarrode, écuier, etc.

§ II. — *Verreries du Morvand : La Boue, Chenambret, Roussillon, Apponay, Vandenesse.*

Parmi les noms précités des gentilshommes verriers français alliés dès le seizième siècle aux des Paillards, il en est un sur lequel il nous faut revenir, parce qu'il nous conduit à plusieurs des plus importantes verreries du Morvand, dans lequel nous allons maintenant pénétrer ; nous voulons parler des de Ponard et de leur verrerie de *La Boue.*

A ce sujet, nous sommes heureux de publier un précieux document découvert tout récemment par M. le baron d'Espiard, dans le chartrier de Limanton, et que cet érudit collègue, avec la plus parfaite obligeance, veut bien nous communiquer. C'est un gros cahier intitulé : Compte que rend par-devant vous monsieur le lieutenant-général au bailliage et pairie de Nivernois, noble homme Charles de Reugny, escuyer, seigneur du Tremblay, au nom et comme tuteur de Jehan, Charles et Georges de Ponard, enffans de feus noble Jehan de Ponard et damoyselle Claude de Reugry, à Charles et Jehan de Ponard, escuyers, et à noble Guyon de Ponard, escuyer, curateur reçu par justice à la personne de Georges de Ponard, enfants dudit feu Jehan.

Voici ce qui, dans le compte, est relatif à la verrerie :

« I. *Recettes. — Item* fait recepte de la somme de 200 livres tournois réduicts, valle la somme de 66 escus 2 tiers, à laquelle les matières estants en la *verrerie de la Boue* et aultres lieux circonvoysins, mouvants et dépendants de ladite verrerie, ont esté vendues au plus offrant et dernier enché-

risseur, comme il appert par l'accense et estrousse faite par-
devant le juge ordinaire de la justice de Mazilles, en date du
2 octobre, l'an mil cinq cent soixante-quatorze.

» *Item,* fait recepte de la somme de 60 livres réduicts et valle
la somme de 20 escus sol, à laquelle somme accense et
estrousse a esté faicte de la *verrerie de la Boue,* bastiments
et despendances d'icelle, et de prendre boys mort et mort
boys pour le faict de ladite verrerie, en un boys appellé
Bois-verd-l'Haste-à-la-Chièvre et le boys de Contant, et de
laquelle somme il fait recepte par chascun an pour cinq
années et comme estant accensée au plus offrant et dernier
enchérisseur, ainsi qu'il est convenu en ladite accense et
estrousse, qui sont pour lesdits cinq ans la somme de cent
escus.

» II. *Dépenses.* — *Item,* pour avoir délivré par ledit de
Reugny, tuteur, rendant compte auxdits Jehan et Charles de
Ponard, les ferrements et instruments propres à faire verre,
de la valleur de sept escus, laquelle somme il requiert luy
estre par vous mondict sieur allouée et taxée.

» Plus, auroit ledit de Reugny tuteur, rendant compte,
baillé le dixiesme juillet en l'an 1574, à ung homme de pied
qui seroit allé à Moulins en Bourbonnais poursuivre le paiement d'une obligation qu'un marchand de verre debvoit
audit deffunt Ponnard, où il auroit employé trois journées
pour aller et venir, la somme de quarante-cinq sols. »

Les de Ponard restèrent donc en possession de la verrerie
de la Boue.

En 1582, noble homme Jean de Ponard, fils de feu Jean
de Ponard et de Claude *de Ruigny* (Reugny), seigneur et
dame de la verrerie de la Boue et de Giverdy en partie,
demeurant à ladite verrerie de la Boue, paroisse de Rémilly,
fait hommage au duc de Nevers pour divers héritages à
Giverdy.

Semblables hommages au duc de Nevers sont rendus

en 1598 par demoiselle Claudine de Chargères, veuve de noble homme Guy de Ponard, en son nom et au nom de Jeanne de Ponard, sa fille, pour les biens qu'elle tenait en la châtellenie de Moulins-Engilbert, et en 1610 par Péronne de Grandval, veuve de Jean de Ponard (1).

La verrerie de la Boue devint bientôt, comme celles de Giverdy et de Chambon, le rendez-vous des gentilshommes italiens et lorrains. Nous en avons la preuve dans cet acte des registres aux insinuations du bailliage de Saint-Pierre-le-Moûtier (2) : Le 20 avril 1676, Jean-Claude *de Sarrode*, écuyer, demeurant à la verrerie de la Boue, fils de feu Jean de Sarrode, écuyer, sieur de Fontenelle, et de vivante Claude-Marie *du Houtz*, contracte mariage avec Claude de Balorre, fille de feu Louis de Balorre, écuyer, seigneur dudit lieu, et de vivante Jeanne de Chargères, demeurant à Mussy, paroisse de Pouligny-sur-Aron. Les témoins de l'acte sont Jean-François de Bégotz (*alias* des Bigots), seigneur d'Odompré, demeurant à la verrerie de la Boue, Thierry de Finance et Charles de Finance; Louis de Breton, seigneur de la Mollée, tous qualifiés d'écuyers et demeurant en la paroisse de Rémilly.

Ce Louis de Breton était marié à demoiselle Anne de Chargères, qui mourut au mois de mars 1692.

Michel de Breton, écuyer, de la paroisse de Blain, maintenant Roussillon, au diocèse d'Autun, s'était marié, le 25 octobre 1674, à Rémilly, avec demoiselle Anne de Ponard, de ladite paroisse, en présence de Simon de Breton, oncle du futur, Jacques de Breton, demeurant à la verrerie de la Boue, et Claude de Bréchard, sa femme, frère et belle-sœur du futur.

D'après M. Le Vaillant de La Fieffe, dans ses *Verreries de la Normandie* (p. 274), un sieur Laurent de Mathieu, écuyer, sieur de Vauchaux, époux de Catherine de Bongars,

(1) *Inventaire* de Marolles, col. 134-200.
(2) Communication de M. de Flamare, archiviste du département.

employé dès 1672 à la verrerie et glacerie de Tourlaville, puis en 1707 à la verrerie de cristal des Essartis, dans le comté d'Eu, devenu maître de la verrerie de *la Boue*, s'était associé, vers 1713, avec le sieur de La Pommeraye, ancien directeur de la manufacture de Saint-Gobain, pour fonder une glacerie clandestine, et de ce chef fut mis à la Bastille avec le sieur de La Pommeraye, sur la demande de la Compagnie des glaces.

En 1779, messire Louis de Virgille, écuyer, et son frère Honoré de Virgille, fils de François de Virgille, écuyer, sieur de la Vernette, et de dame Marie de Nourry, sont qualifiés seigneurs de la verrerie de la Boue.

Tout auprès de cette verrerie en existait une autre plus ancienne, et qui est fréquemment citée dans les registres de la paroisse de Rémilly, où l'on retrouve d'ailleurs les mêmes familles, à tel point qu'on pourrait croire que les deux établissements avaient une même direction. C'est encore à M. d'Espiard que nous devons d'en pouvoir faire connaître l'origine, par lui découverte dans des pièces de procédure de la châtellenie de Savigny-Poil-Fol, conservées au chartrier du château du Tremblay. Il y est rapporté que noble homme Jehan de Lodines, mari de damoiselle Philiberte de La Perrière, d'une part, et Antoine de Maumigny, écuyer, seigneur dudit lieu de la Boue et de *Saint-Michel-en-Longue-Salle*, prenant en main et se faisant fort pour damoiselle Marie de La Perrière, sa mère, d'autre part, ont baillé le 3 septembre 1535, à titre de rente et cens non portant amendes et défauts, à Olivier Mesmin, écuyer, une pièce de terre de seize boisselées située au lieu de *Chenambret* (1), joignant les grands bois desdits écuyers, et ce pour édifier, bâtir et construire *fours à faire verre*, maison, grange, jardin, colombier, etc. Plus, le droit de prendre dans les bois de la Boue, de *Saint-Michel-en-Longue-Salle* et appartenances, tout bois

---

(1) *Alias* Chenanvray. Ce nom ne se trouve pas indiqué dans le *Dictionnaire topographique du département*.

mort et mort bois et bois de feu pour entretenir et chauffer les fours de ladite verrerie, et davantage, de pouvoir prendre bois de « chaisgnes » pour bâtir et édifier. Philiberte de La Perrière avait ratifié cette vente le 7 septembre 1535, et à l'époque du procès, en 1542, il est observé que depuis la vente on avait toujours pris du bois pour bâtir et chauffer les fours sans être troublé dans la possession de ce droit.

Les de Virgille paraissent avoir été, dès le dix-septième siècle, les maîtres de la verrerie de Chenambret. Les registres de Rémilly mentionnent : en 1666, noble Honoré de Virgille ; — en 1669, noble Louis de Virgille, lequel est parrain en 1684 et qualifié sieur de *Saint-Michel-en-Longue-Salle* ; — en 1685, inhumation de Françoise, âgée de huit ans, fille de Jean de Virgille et de damoiselle Jeanne de Prudon, *demeurant à la verrerie de Chenambret ;* — le 30 septembre 1685, baptême d'Adrienne, fille de Robert de Virgille, *de présent* en cette paroisse de Rémilly, et de Jeanne Bernard, du village de Roussillon, paroisse de Blain, diocèse d'Autun (1) ; — le 14 mai 1692, inhumation de maître Jean de Virgille, écuyer, *demeurant à la verrerie de Chenambret ;* — le 22 septembre 1701, baptême d'Honoré, fils de Pierre de Virgille, écuyer, et de dame Marie-Anne des Gouttes de La Salle ; le parrain est messire Honoré de Virgille, prêtre, curé d'Avrée, etc.

On rencontre cependant aussi dans ces mêmes registres : le 2 décembre 1686, baptême d'Henriette, fille de maître Charles Tridon, sieur de Vermenoux, et de M. de Marin,

(1) Roussillon dépendait autrefois du diocèse de Nevers, et à ce titre nous intéresse plus particulièrement. Nous avons vu précédemment (page 80) qu'Ennemond de Girard, qui mourut à Nevers chez le seigneur Castellan, avait travaillé en 1667 à la verrerie de cristal de Roussillon.

En 1561, Mathieu de Brossard traitait avec le sire de Roussillon-en-Morvand pour l'établissement d'une verrerie à Gien-sur-Cure, au canton de Montsauche. Nous retrouvons les de Brossard, en 1775, à la verrerie d'Apremont.

demeurant à la verrerie de *Chenambrot* ; — le 13 juin 1690,
mariage de Philippe Isambert, chirurgien à Moulins-Engilbert, avec demoiselle Jeanne de La Godine, demeurant à la
verrerie de *Chenanbray*, fille de feu François de La Godine
et de demoiselle Guillemette de Nourry, en présence de
Pierre de La Godine, écuyer, frère de la future, etc.

Sur ce même territoire, autrefois tout couvert de forêts,
comme l'indique le nom de l'antique paroisse de Saint-
Michel-en-Longue-Salle (*Sancti Michaelis in Longa Sylva*),
depuis longtemps réunie à Rémilly, se trouvait, dès la
fin du seizième siècle, une troisième verrerie dite d'Apponay, où l'on rencontre d'abord les gentilshommes lorrains
du nom d'Hennezel... Le 13 mars 1669 est baptisée
Pierrette, fille de noble Pierre-François de Marin, écuyer,
et de demoiselle Louise de Champrobert ; le parrain est
noble Pierre de Marin, demeurant à la *verrerie de Saint-
Bruno*, paroisse de Rémilly.

Il est en effet rapporté dans l'histoire de la chartreuse
d'Apponay que le prieur dom Louis de La Barre, dont
l'administration fut très-funeste au monastère, avait dépensé
16,000 livres, vers 1717, pour le rétablissement de la
verrerie. Son successeur, dom Louis Lancieux, avait eu
l'idée d'établir une faïencerie qui n'eut pas un meilleur
succès que la verrerie (1).

Faut-il rattacher à l'histoire de la verrerie cette note singulière du curé Rousset qui se lit à la fin du registre
de 1742 de la vieille paroisse de Saint-Gratien, réunie à
Savigny-sur-Canne ? « Cette même année 1742, un chartreux
s'est sauvé d'Apponai, où il était en prison depuis dix
ans. Il s'est mis sous la sauvegarde du roi et a demandé à
faire connaître son innocence contre son ordre. » Et encore
cette autre note du 10 novembre 1746, tirée du registre de
l'ancien contrôle de Cercy-la-Tour : « Acte de protestation et
rétractation de vœux par dom Henri Castellan, profès à la

(1) *Le Morvand*, par M. l'abbé Baudiau, t. Ier.

chartreuse d'Apponay (1) » ! Oui, sans doute, si l'on se rappelle le chapitre consacré aux Castellan de Nevers, et tout récemment les notes sur les Castellan de La Charité.

Enfin, tandis que nous sommes en Morvand, citons aussi la *verrerie royale de Vandenesse*, dont M. Victor Gueneau, dans ses *Notes* pour servir à l'histoire de cette commune, nous a révélé l'existence au commencement du dix-huitième siècle. Le chevalier Charles-Séraphin-Melchior de Cherbon en était le directeur en 1752, et l'on retrouve dans les registres de la paroisse les noms d'une foule d'ouvriers d'origine étrangère et qui nous étaient jusqu'ici demeurés inconnus : Le 9 février 1754 est baptisée Charlette-Jeanne, fille d'honnête homme René Montausier, maître ouvrier en cristal, et d'Élisabeth-Charlette Lemaire. Le parrain est maître Jean Boudin, ouvrier de place en cristal à la verrerie royale dudit Vandenesse, la marraine honnête fille Jeanne Buteau.

Le 3 novembre de la même année est né et le 4 a été baptisé Louis-Charles-Pierre-Marie, fils de M. Jean Boudin, maître ouvrier de place en cristal à la verrerie (2), et de dame Françoise Launois. Le parrain a été le sieur Jean Bernard, aux lieu et place de messire Pierre-Marie, marquis de Lupé, capitaine dans le régiment de Bourgogne-cavalerie ; la nommée Marie Buteau a été marraine pour Mᵐᵉ Louise-Charlotte du Bois de Fiennes de Leuville, marquise de Poyanne et de Vandenesse, etc. Outre la cristallerie, on fabriquait surtout des bouteilles.

Le seigneur du Tremblay ayant fait saisir un bateau chargé de bouteilles que son suzerain faisait diriger sur Decize par la rivière d'Aron, une sentence de 1722 donna gain de cause au seigneur de Vandenesse (3).

(1) Minutes Garillan, notaire à Cercy-la-Tour. Communication de M. d'Espiard.

(2) Ce Jean Boudin ne serait-il pas de la famille du Jehan Boudin ou Botin, cité, trois siècles plus tôt, au commencement de ce chapitre !

(3) *Bulletin de la Société nivernaise*, 2ᵉ série, t. VI, p. 540-555.

On comprend maintenant, mieux encore qu'on n'eût pu
le supposer au début de ce chapitre, quelle animation devait
produire dans toute la province de Nivernais ce va-et-vient
de seigneurs étrangers s'alliant aux principales familles du
pays, et quel mouvement artistique et commercial devait
résulter de la multiplicité de ces usines verrières.

En vérité, après avoir simplement indiqué ce vaste sujet
d'études, — car il y a là vraiment matière à un volume, pour
qui voudra traiter à fond l'histoire des verreries du Morvand,
comme l'a fait M. Le Vaillant de La Fieffe pour les verreries
de la Normandie et comme le fait en ce moment M. Schuermans en Belgique pour les verreries artistiques des Pays-
Pays, — il nous tarde de retracer au moins quelques pages
de cette histoire.

§ III. — *Les d'Hennezel.* — *Verreries de La Nocle, de
Prunevaux et Nolay, de Bois-Giset, de Marsendé,
d'Avril, de Fours.*

Bien avant que les gentilhommes verriers d'origine italienne fussent venus répandre dans notre cité nivernaise les
merveilles de cette industrie qui a illustré les villes d'Altare et
de Murano, les gentilshommes verriers d'origine lorraine
multipliaient en effet leurs manufactures dans nos forêts du
Morvand, où ils trouvaient en abondance, avec le bois, « les
fougères et toutes autres herbes propres et convenables pour
le fait de leur mestier ».

Dès le milieu du quinzième siècle, l'industrie verrière
était en grand honneur dans l'ancienne Lorraine, et en 1448,
Jean de Calabre, gouvernant le pays, en l'absence de son père,
René d'Anjou, roi de Jérusalem et de Sicile, avait octroyé
« à tous verriers et ouvriers ez verrières » du duché de Lorraine une charte appelée la *charte des verriers,* qui les assi-
milait aux nobles de race et leur conférait les mêmes priviléges de plein droit. Dotée de tels avantages, il était
impossible que l'industrie du verre ne prospérât pas en

XVII

Lorraine ; bientôt les familles des verriers s'étant multipliécs, ils se virent dans la nécessité de se répandre au loin pour y fonder d'autres manufactures et y établir leurs enfants.

Parmi les noms des verriers qu'on voit figurer les premiers et le plus fréquemment dans les archives de la Lorraine depuis 1448, se trouvent d'abord les *d'Hennezel* et les *de Finance*. Il est question de Jean d'Hennezel, autrement Hendel, parmi les impétrants de la charte de 1448, et sa verrerie, qu'il s'agissait de rétablir, n'était pas un établissement nouveau-né. Le nom de Jacob Finance paraît à la date de 1492 ; et leurs descendants, Nicolas d'Hennezel et François de Finance, en 1737, possédaient en commun la verrerie dite de Hennezel. La famille de ce nom était d'ailleurs représentée en 1520 par sept frères, tous verriers.

Cependant, ainsi que nous l'avons précédemment constaté, il existe encore aujourd'hui, notamment à Nancy, des représentants de cette ancienne famille qui signent : d'Hennezel.

Viennent ensuite en 1496 Antoine et Christophe, fils de Colin Thiétry ; — 1501, Jean et Philippe Thiétry ; — 1554, Hugues Mussel et François Desprez. écuyers ; — 1564, Guillaume de Hou ou du Houx et Alexandre de Bonnet ; — en 1603, Moyse de Condé, Joannes et Hélie de Guyot, Jérémie de Bigault, Jean, Pierre, Benjamin et Nicolas de Condé (1).

Or, ce sont précisément ces noms que nous avons déjà signalés dans tous les registres de nos paroisses verrières et qui vont maintenant, les d'Hennezel surtout, nous fournir spécialement les documents qu'en vain nous avons jusqu'ici cherchés sur les verres fabriqués par l'industrie lorraine.

Le 15 mai 1609, noble Abraham de Hennezel (2), gentil-

---

(1) *Les Gentilshommes verriers dans l'ancienne Lorraine aux quinzième, seizième et dix-septième siècles*, p. 42 et 48, par M. Beaupré. Nancy, Hinzelin et Cᵉ, imprimeurs-libraires, 1847.

(2) Très-souvent le nom est écrit *Hennezet*, d'autres fois même le *t* est retranché ; de plus, on trouve aussi écrit *Hannezé*, ce qui semble indiquer qu'on prononçait *Hanzé*.

homme verrier demeurant *à la verrière de La Nocle* (1), et
noble Daniel de Hennezel, aussi gentilhomme verrier,
demeurant *en la verrerie de Prunevaux* (2), pour eux et
pour leur frère Joseph de Hennezel, absent, confessent, par
acte passé en la maison de la verrerie de Nevers, par-devant
notaire, avoir reçu de noble Horace Ponté, maître de la
verrerie de Nevers, pour et au nom d'André Lecoq, sieur de
La Rossière, et Mathurin Thibault, marchands, demeurant
à Nantes, la somme de 775 livres tournois, faisant l'entier
payement de la somme de 1,875 livres tournois, pour laquelle
lesdits sieurs Abraham, Daniel et Joseph de Hennezel avaient
vendu et promis livrer auxdits sieurs de La Rossière et Thibault la quantité de *trois mille deux cent quarante liens de
verre blanc à faire viltres* (3) *et soixante et quinze bouteilles
de verre,* laquelle quantité de liens de verre ledit de Hennezel a cejourd'hui délivrée à Claude George, leur facteur,
pour la faire voiturer par le port de la fosse de la ville de
Nantes... L'acte est signé : Abraham de Hennezet, Daniel
de Hennezé (4).

(1) La Nocle, au canton de Fours, célèbre par ses immenses forêts
qui lui avaient valu le nom de *Domibus in Longa Sylva* (pouillé de
1517); — paroisse des Maisons-en-Longue-Silve, 1494. (*Dictionnaire
topographique du département de la Nièvre*, par M. le comte G. de
Soultrait.)

(2) Prunevaux (*Prunevallis*), ancienne paroisse depuis longtemps
réunie à Nolay, lieu également très-boisé.

(3) Une ordonnance rendue en 1557 par le gouvernement de la
Lorraine portait que chaque verrier sera tenu de faire chaque jour
trente liens de bon verre blanc et non plus, contenant le lien trois
tables, et chaque table trois pieds (de Lorraine) de hauteur et un pied
et demi de largeur par le bas dudit lien, et au-dessus de largeur
équivalente, pesant treize livres, de bonne épaisseur, proportionnés
tant en un lien comme en l'autre.....

On nomme encore aujourd'hui *lien* un paquet de six feuilles de
verre en table. (*Les Gentilshommes verriers* ou *Recherches sur l'industrie et les privilèges des verriers dans l'ancienne Lorraine*, par
M. Beaupré, p. 23.

(4) Archives des notaires de Nevers, minutes Pellé.

Nous savons ainsi, de la façon la plus évidente, quelle espèce de verre était fabriqué par ces gentilshommes lorrains : ce n'était plus le verre artistique des gentilshommes italiens, mais le gros verre en table ou verre à vitres et les grosses bouteilles, en un mot, la grosse verrerie (1).

Ce qui n'est pas moins à remarquer dans cet acte, ainsi que nous l'avons observé déjà précédemment (2), c'est l'étroite union existant entre les maîtres des deux différentes verreries.

L'année suivante, 1610, Daniel de Hennezel, qualifié de *maître de la verrerie du Bois-Gizet*, vendait directement à noble Horace Ponté, maître de la verrerie de Nevers, la quantité de *deux cens liens de verre de viltre*, bon, loyal et marchand ; et de son côté Horace Ponté s'engageait verbalement le 20 novembre, envers honorable homme André Orgery, marchand verrier, demeurant à Tours, paroisse de Saint-Hilaire, à lui livrer, le 25ᵉ jour de novembre, ladite quantité de verre, moyennant la somme de 70 livres tournois payée par ledit Orgery ; cependant, le 2 décembre, sommation était faite au seigneur Horace Ponté d'avoir à délivrer ladite marchandise à Nevers, sur le port de Ninchat, à quoi ledit sieur répondait que c'est la vérité qu'il a fait ladite vente, mais que noble Daniel de Hennezel, qui lui a vendu icelle quantité de liens de verre, ne l'a encore livrée, ce qui est la cause du retard, mais promet la livrer au plus tôt qu'il sera possible (3).

Une fois, comme par exception, le 1ᵉʳ octobre 1613, Abraham et Jehan de Hennezel, qualifiés d'écuyers, tant

---

(1) *Histoire d'un four à verre de l'ancienne Normandie*, par A. Milet, 1871, p. 11-12.

(2) Voir plus haut, la fin du chapitre II.

(3) Archives des notaires de Nevers, minutes Pellé.

On retrouve dans les mêmes minutes, en 1619, 1620, etc., quantité de reconnaissances faites par Claude Orgery, fils de défunt André Orgery et d'Antoinette Blondeau, au nom de sa nièce, « faisant traffic de verrerye en la ville de Tours », pour vente et délivrance de marchandises de verre par le seigneur Horace Ponté.

pour eux que se faisant fort pour Daniel de Hennezel, leur
frère, absent, tous gentilshommes verriers, demeurant à
Gizay, paroisse de Savigny-Poil-Fol, pays de Nivernois,
traitent directement avec un marchand de Nantes, pays de
Bretagne, du nom de Honoré Rousseau, et promettent lui
livrer sur le port Tarault, « lieu propre et chargeable en
bateaux », dans le jour et fête des Brandons prochain venant,
la quantité de 3,000 liens de verre à faire vitre, qui aura de
hauteur demi-aune et demi-quartier, et de largeur 16 pouces
par le bas, chacun lien de trois tables, toute bonne marchan·
dise *blanche*, loyale et marchande..., le tout moyennant le
prix et somme de 1,200 livres, qui est à raison de 8 sols
pour chaque lien, sur laquelle somme ledit Rousseau a
payé comptant huit-vingts livres (1).

Généralement toutes les ventes se font par l'entremise du
maître de la verrerie de Nevers, qui paraît être le grand
bailleur de fonds de nos verriers du Morvand et se charge,
contre livraison de leurs marchandises, d'acquitter leurs
obligations.

Ainsi : le 4 décembre 1617, noble Jean de Hennezel,
écuyer, demeurant à *Marsendé, paroisse de Tazilly*, vend
et promet livrer et conduire à Nevers, sur le port du guichet
de Loire, dans le premier jour du mois de janvier prochain
venant, à noble Horace Ponté, la quantité de 600 liens de
verre en vitre, à compter 101 liens pour 100, et 17 bouteilles de verre de la grandeur que ledit de Hennezel les fait
faire ordinairement, moyennant le prix de 150 livres tournois, qui est à raison de 5 sols pour chacun lien dudit verre ;
laquelle somme ledit sieur Ponté sera tenu de payer, pour
acquit dudit sieur de Hennezel, à noble Pierre du Four,
conseiller et maître des comptes de Monseigneur le duc de
Nivernois, pour semblable somme en laquelle ledit sieur de
Hennezel lui est obligé (2).

(1) Archives des notaires de Nevers, minutes de France.
(2) Minutes Pellé.

Deux jours après, le 6 décembre, le même Jean de Hennezel, tant pour lui que prenant en main pour ses frères Daniel, Charles et Joseph, tous gentilshommes verriers, promettait de même de livrer à Nevers, dans le premier jour de janvier, 1,560 liens de verre en vitre, avec 50 grosses bouteilles de verre de même façon qu'ils en ont ci-devant délivré, moyennant la somme de 390 livres tournois, sur laquelle ledit sieur Ponté a présentement payé 90 livres en quarts d'écus ou douzains, le reste devant être payé, pour acquit dudit sieur de Hennezel, à maître Nicolas Moquot, conseiller, maître des comptes de Monseigneur le duc de Nevers, en déduction de plus grande somme qu'ils doivent à noble homme et sage maître Jacques Foullé, seigneur de Prunevaulx, conseiller en la cour de Parlement, à Paris, à cause tant de l'accense de ladite terre de Prunevaulx que d'autres dettes.

Il était aussi spécifié que ledit sieur de Hennezel ne pourra vendre aucune marchandise de verre en vitre à autre personne qu'au sieur Ponté, qui en achètera davantage, si bon lui semble, pour la faire voiturer par eau ou par terre... ; cessant laquelle clause, ledit sieur Ponté n'eût aucunement acheté ladite marchandise.

Et pour mieux s'assurer le monopole de la vente, à quelques jours seulement de distance, le 5 janvier 1618, Horace Ponté achète encore 1,400 liens de verre en vitre, à compter 101 pour 100, qui devront être emballés en *petits ballons de 25 liens* par chacun ballon (1), et livrés avec 50 gros *flaccons* aussi de verre, dans le premier jour du mois de janvier prochain 1619, sur le port du guichet de Loire ou de Ninchat. Lors de la livraison sur le port, ledit sieur Ponté pourra faire déballer la marchandise, pour « icelle voir et faire visiter, si elle est loyale et marchande », mais après l'avoir visitée, sera tenu la faire relier et remballer à ses dépens Ledit marché est consenti par noble Daniel de Hen-

1) Il y avait des gros ballons de 50 liens pièce, d'autres de 40 liens.

nezel, gentilhomme verrier, demeurant à *Boys-Giset*, maître
de la verrerie dudit lieu, tant pour lui que pour ses frères
Charles et Joseph, demeurant audit lieu ; pour Jean de Hennezel, aussi son frère, et sa femme, damoiselle Madeleine de
Chargières (1), et aussi pour Bénédicte Decray, sa propre
femme, le tout moyennant le prix de 312 livres 10 sols
tournois, sans préjudice des précédents marchés de vente de
verres en vitre et boutcilles ci-devant conclus par ledit sieur
de Hennezel et ses frères audit sieur Ponté.

Les mois suivants, Horace Ponté continue ses achats,
savoir : le 10 février 1618, 1,134 liens de verre en viltre à
compter, cette fois, 102 liens pour chacun cent, et 20 bouteilles de verre *carrées et plattes* assorties, de même grandeur que celles précédemment livrées, moyennant le prix de
300 livres 4 sols, sur laquelle somme le sieur Abraham de
Hennezel confesse avoir reçu dudit seigneur Ponté 100 livres
en marchandise de *pain de verre et soulde ; —* le 9 mars,
1,300 liens de verre et 25 grosses bouteilles ; — le 22 mai,
866 liens de verre et 16 grosses bouteilles, etc.

Toutes ces marchandises sont généralement conduites de
la verrerie du Bois-Gizet au port Tharault, où les voituriers
par eau de Nevers vont les recevoir, en présence de maître
Antoine Lefebvre, notaire, demeurant audit lieu et représentant du seigneur Horace Ponté, puis les amènent à
Nevers sur le port du Pont-Cizeau ou sur le port du guichet
de Loire. C'est là que les marchands verriers du royaume et
même de l'étranger viennent s'approvisionner.

Il serait trop long et fastidieux d'indiquer, même sommairement, tous les actes de ce genre que nous avons pu rencontrer ; nous n'en citerons qu'un du 30 décembre 1619 : Un
nommé Jean Pichenet, voiturier par eau, demeurant à

(1) La seigneurie de la Pommeraye, sise en la paroisse de Savigny-
Poil-Fol, comme le Bois-Gizet, était possédée en 1575 par Charles de
Chargère, écuyer, qui, cette année, en donna dénombrement au duc
de Nevers. (*Le Morvand*, par M. l'abbé Baudiau, t. 1er.)

Nevers, fait en ce jour marché avec honorable homme Charles Landart, marchand verrier demeurant à Paris, de lui conduire jusqu'au port de Gien 3,000 liens de verre de viltre, en gros et petits ballons, et 5 caisses pleines de verres; auquel lieu, après avoir fait délivrance audit sieur Landart ou à ses commis de ladite marchandise, il sera tenu en apporter décharge à noble Horace Ponté, et sera tenu pareillement partir sitôt que *la rivière sera libre et desglassée* et ne pourra livrer auparavant aucune autre voiture pour qui que ce soit, le tout moyennant la somme de 75 livres tournois.

Or, ce marchand de Paris déclare être le commis et entremetteur de deux marchands flamands, Benjamin de Jonge, demeurant aussi à Paris, rue et enseigne des Trois-Mores, et Adrien Imbert, demeurant en la ville de *Dort*, en Hollande (1).

Parmi les témoins de cet acte si intéressant nous remarquons encore Charles Brare, marchand verrier, demeurant à Montdidier, en Picardie, de présent à Nevers, où il était venu aussi pour ses approvisionnements, et Gervais Dupré, maître émailleur, dont la maison était voisine de celle d'Horace Ponté, et qui signe habituellement sur tous ses contrats (2).

En cette année 1619, les dettes contractées par les verriers de Boisgiset n'étaient pas encore acquittées, mais ils travaillaient avec activité, et le 10 janvier, les quatre frères Daniel, Jean, Charles et Joseph de Hennezel vendaient à noble Horace Ponté la quantité de 3,452 liens de verre et 100 grosses bouteilles, livrés dans le jour et fête de saint Jean-Baptiste prochain venant sur le port du Guichet de Loire, moyennant le prix de 1,208 livres 4 sols, qui

(1) Nous avons rencontré déjà en 1609 un marchand flamand du nom de Girard Imbert, demeurant à Dord. en Hollande, et le lecteur aura rectifié (note 2 de la page 26) le mot *Dori* qui n'est autre que *Dort*.

(2) Archives de la chambre des notaires de Nevers, minutes Pellé. — Les actes qui précèdent sont également tirés des mêmes minutes.

est à raison de 7 sols pour chacun lien de verre et les bouteilles par-dessus ; sur laquelle somme le seigneur Ponté
payait manuellement comptant auxdits sieurs de Hennezel
*3oo livres en pistolles et quarts d'escus du poix et de
l'ordonnance*, et 5oo livres à Mre Nicolas Moquot, pour
acquit de semblable somme due par lesdits gentilshommes
verriers au seigneur de Prunevaulx, maître Jacques Foullé,
lequel consentait à accorder mainlevée auxdits sieurs de
Hennezel d'une certaine quantité de verre saisie à sa requête
et présentement gardée en la maison des Trois-Mores de cette
ville de Nevers. Horace Ponté avait soin de faire inscrire
dans le contrat, comme condition de son marché, que les
sieurs de Hennezel ne pourront vendre ni distribuer aucune
marchandise de verre en viltre, à quelque personne que ce
soit, du jour et fête de Toussaint prochainement venant,
sans son congé, afin que plus commodément il pût débiter
la marchandise à lui vendue, leur laissant seulement le droit
de vendre à qui bon leur semblera, dans la fête de Toussaint
prochaine, telle quantité de bouteilles qu'ils voudront.

Jusqu'à présent, dans toutes les livraisons de nos verriers,
il n'a été question que de *verre à vitre de couleur blanche*,
sans désignation d'aucune autre couleur ; la grande renommée des verreries de la Lorraine leur venait cependant en
particulier de la fabrication des verres de couleur. La charte
des verriers octroyée en 1448, et dont il a été parlé précédemment, en faisait déjà mention : « Iceulx ouvriers, y est-
il dit, pourront faire verres tels et de telle couleur que leur
plaira. » Le président en la cour des comptes de Nancy, du
nom de Thiéry Alix, auteur d'une description manuscrite de
la Lorraine en 1594, parlant du grand commerce qui se
faisait à l'étranger du verre fabriqué dans les Vosges,
s'exprime ainsi :

« Ne sont à obmettre les grandes tables de verres de toutes
couleurs qui se font ez haultes forests de Vosge, ezquelles se
trouvent à propos les herbes et aultres choses nécessaires à

cet art, qui ne se rencontrent que rarement ez aultres pays et provinces, dont une bonne partie de l'Europe est servie par le transport et trafic continuel qui s'en fait ez Pays-Bas et Angleterre, puis de là aux aultres régions plus remotes et esloignées (1). »

Sans doute nos forêts du Morvand renfermaient à propos les herbes nécessaires à la fabrication des verres de couleur, car le 26 janvier 1621, Daniel et Charles de Hennezel vendent au seigneur Horace Ponté 5,200 liens de *verre blanc* et 800 liens de *verre de colleur*, plus 200 grosses bouteilles de verre à livrer sur le port Tharault..., pour le prix, savoir : de 6 sols 6 deniers pour chaque lien de *verre blanc* et 13 sols tournois pour chaque lien de *verre en colleur ;* à l'égard des 200 bouteilles, ledit sieur Ponté ne sera tenu de payer aucune chose, comme lui ayant été données par lesdits sieurs de Hennezel.

La réputation des verreries de Nevers et du Bois-Giset était d'ailleurs bien connue, et l'on se rappelle qu'en 1643 l'artiste qui réparait les vitraux de la cathédrale d'Auch, ayant besoin de verres de couleur et n'en pouvant trouver (2), priait MM. les Chanoines d'écrire à Nevers, « à ce gentilhomme qui fait le verre, pour qu'il fît parvenir leur lettre à M. Charles de Hanse, au *Bois-Giʒi*, paroisse de Savigny. »

Si les anciennes verrières de la cathédrale de Nevers existaient encore, il nous serait permis sans nul doute d'y reconnaître les produits des verriers du Bois-Giset.

« Pour le verre en plat, dit M. Levaillant de La Fieffe (3),

(1) *Les Gentilshommes verriers*, par M. Beaupré (ouvrage déjà cité), page 35.

(2) Voir plus haut, fin du chapitre II, page 54.

(3) *Les verreries de Normandie*, page 459. En 1661, Josué Hennezel demandait l'autorisation de joindre à sa fabrication, des miroirs, à la façon de Venise, et des grands verres ronds, à la façon de ceux de France, qui ne se font qu'en Normandie. (*Verreries à la façon de Venise,* par J. Houdoy, documents, page 73.)

le verre est d'abord soufflé en forme de boule un peu allongée, puis attaché au pontil, après l'avoir réchauffé, et lorsqu'il le croit suffisamment ramolli, l'ouvrier imprime au pontil un mouvement de rotation très-rapide qui, à l'aide de la chaleur et de la force centrifuge, développe la pièce en un plateau rond et plat ; on le détache alors du pontil, mais sans pouvoir faire disparaître l'empreinte, qui produit au centre du plateau la loupe ou boudine que l'on rencontre dans de vieux carreaux fabriqués par ce procédé. Le plus souvent aussi la feuille de verre a l'inconvénient d'être plus épaisse vers le centre qu'à la circonférence. »

Nous possédons un très-joli fragment de verre blanc provenant de la cathédrale, sur lequel est peinte hardiment une grande feuille de chardon, et dans le centre, qui va en effet en s'épaississant, on remarque la loupe ou boudine très-fortement caractérisée.

Cependant, depuis quelques années déjà, des pourparlers étaient engagés entre les verriers italiens descendant de nos premiers Sarode, dont plusieurs travaillaient auprès d'Horace Ponté, et nos verriers lorrains, vivement sollicités de se rendre en Italie pour y fonder une verrerie de gros verre.

Dès l'année 1634, un premier pacte avait été conclu à Nevers, en la maison de la verrerie, par-devant le notaire Pellé. On nous saura gré de faire connaître les principaux détails de cet épisode si intéressant et tout à fait inconnu.

Donc, le 19 avril de ladite année 1634, noble Charles d'Hennezel, écuyer, l'un des maitres de la verrerie du Bois-Giset, tant en son nom que pour ses frères Daniel et Joseph, aussi écuyers, demeurant ensemble en ladite verrerie (1), promet et s'oblige aux sieurs Jérôme et Jacques Sarode, gentilshommes verriers, demeurant en Italie, au lieu de

(1) La procuration desdits frères faite le 15 avril, au lieu de la verrerie de Giset, est signée de *Daniel d'Hennezet (sic)* et de *Philippe d'Hennezet, comme témoin;* encore un nouveau nom qui s'ajoute aux cinq déjà cités.

Montenotte (1), paroisse de Caire en Lombardie, ou autrement pays de Millanois; — ledit sieur « Hiérosme » étant de présent à Nevers et se faisant fort pour son frère; — de s'acheminer avec ses frères de leur domicile du Bois-Giset, dans le mercredi de la fête de Pentecôte prochaine jusqu'à la verrerie dudit Montenotte, et avec eux, un autre gentilhomme, un apprenti, un fondeur, un empailleur et trois tisonniers, pour travailler de leur art de verriers et sans discontinuation y faire et façonner jusqu'à la quantité de *douze mille liens de verre plat de trois tables pour lien*, moyennant la somme de 4 sols tournois pour chacun lien de verre que ledit Jérôme Sarode sera tenu payer lors de l'entière livraison.

En outre, seront tenus lesdits Sarode fournir aux sieurs « *de Hennezel* » tous les matériaux nécessaires à faire ladite quantité de liens de verre; plus, payer : pour les gages du fondeur, 4 livres par semaine; à l'empailleur, 3 livres, et à chaque tisonnier 35 sols aussi par chaque semaine; et encore de nourrir « honnestement » pendant tout le temps que ladite marchandise durera à faire, ou qu'ils travailleront audit lieu, tant les sieurs de Hennezel et leur gentilhomme que les autres.

Les gages desdits fondeur, empailleur et tisonniers commenceront à courir du jour qu'ils partiront de leur maison jusqu'à leur retour, pourvu qu'ils ne séjournent par les chemins plus d'un mois à aller et retourner; et à l'égard de la dépense desdits sieurs d'Hennezel, du gentilhomme, de l'apprenti et des autres, tant pour aller à la verrerie de Montenotte que pour retourner en leur maison, les sieurs Sarode seront tenus leur payer la somme de 300 livres pour chacun voyage audit lieu...; et continuera le présent marché

---

(1) Il est à remarquer que *Montenotte* est dans le voisinage d'*Altare*, pays de nos verriers de Nevers. Altare est en effet compris aujourd'hui dans la province de Gênes, arrondissement de Savone, canton de *Cairo-Montenotte*.

pour quatre voyages qu'ils feront dans neuf années, à commencer, comme il a été dit, le mercredi d'après la Pentecôte prochaine pour le premier voyage, et les autres trois voyages trois mois après qu'ils auront été avertis par lesdits sieurs Sarode.

Il ne sera loisible aux sieurs d'Hennezel de faire, ni souffrir être fait, en ladite verrerie, par leurs gens, aucune sorte de bouteilles sans l'exprès consentement desdits sieurs Sarode, à peine de payer une pistole d'Espagne pour chacune fois, etc.

Comme aussi est accordé que si pendant le temps que lesdits sieurs d'Hennezel travailleront en la verrerie de Montenotte il arrive des guerres, des maladies contagieuses ou autre force majeure, et qu'ils ne puissent travailler facilement, ils seront tenus, après avertissement des sieurs Sarode, de quitter leur travail et s'en retourner à leur domicile, et ne seront payés de leurs marchandises que ce qui se trouvera avoir été fait, et leurs ouvriers seront payés au prorata du temps qu'ils auront travaillé.

A la lecture de ce contrat on pourrait croire que le voyage de nos verriers était à la veille de s'accomplir ; cependant, après vingt ans écoulés, personne n'avait quitté le Bois-Giset, malgré les appels réitérés des sieurs Jérôme et Jacques Sarode adressés au maître de la verrerie de Nevers pour les transmettre aux contractants.

En 1654, le 14 du mois d'octobre, Jacques Sarode, le frère de Jérôme, — probablement décédé, — vient renouveler, tant en son nom propre qu'en celui de son autre frère, Charles, le contrat de 1634 ; Charles d'Hennezel, ainsi que ses frères Daniel et Joseph, ayant manqué à leur parole, il s'adresse à un autre membre de cette nombreuse famille, Hugues d'Hennezel, qualifié d'écuyer, sieur de Longpré, aussi demeurant au Bois-Giset, lequel promet de s'acheminer de son domicile, un mois avant ou après les fêtes de Noël de l'année 1655, jusqu'à la verrerie de Montenotte, et « illec assisté des sieurs David, François, Claude et Denys *d'Hennezet*. pour lesquels il se fait fort » travailler de leur art de verrerie de gros verre. Les conditions sont absolument les mêmes que sur le pacte de 1634 (1).

Cette fois, le seigneur Hugues semble avoir pris au sérieux son engagement. Il s'occupe, — non sans de grandes difficultés, — de trouver les ouvriers qui devront l'accompagner. Le 23 avril 1656 Jean Maucourant, *tizeur de verre en table*, demeurant en la paroisse de « Naulay », lui promet par-devant notaire (2) de le servir de son art de *tizeur*, en la verrerie de Montenotte, et de partir à sa première réquisition, moyennant quoi ledit sieur de Longpré sera tenu le nourrir, coucher et blanchir, à compter du jour qu'ils partiront et jusqu'au retour, et en outre, pour payement du travail, lui donner la somme de 3 livres chaque semaine.

Deux années passent encore, et un autre Sarode, prénommé Augustin, vient à son tour à Nevers. Comme ses prédécesseurs, il descend à l'hôtel de la verrerie, auprès de noble Jean Castellan, successeur d'Horace Ponté. Hugues d'Hennezel s'y rend aussi, et le projet va décidément recevoir un commencement d'exécution.

Pour la confection des fourneaux à faire verre, il n'est terre meilleure que celle du Nivernais ; en conséquence, le 12 octobre 1658, le seigneur Hugues s'engage à faire tirer de la terre blanche du Port-Tarault la quantité de 30 poinçons, qui seront transportés en lieu chargeable en bateaux, de ce jour en trois semaines, moyennant le prix de 7 livres « pour chacun poinsson » de ladite terre, montant à la somme de 210 livres, que le sieur Sarode a payée comptant. Ledit sieur Hugues s'engage aussi à faire tirer « des Croux-Blancs, proche Prunevaulx », 15 poinçons de ladite terre,

(1) Archives des notaires de Nevers, minutes Devillars. La minute est signée : *Giacomo Saroldi* et *Hugue de Hannezé*.
(2) Minutes Devillars. Il a été plusieurs fois question de ce Maucourant dans le chapitre II.

au même prix, et à la faire transporter sur le port de la ville de Nevers (1).

Le 18 octobre, Augustin Sarode étant encore à Nevers et déclarant agir en son nom et en celui de son frère Jacques-Philippe, Hugues d'Hennezel promet de s'acheminer de son domicile de Bois-Giset, avant ou après les fêtes de Noël de l'année prochaine 1659, jusqu'à la verrerie de Montenotte, assisté d'ouvriers suffisants et capables...; il s'engage de même à partir, au commencement du mois d'avril prochain, avec un homme, pour construire « bien et deument » le four et les pots nécessaires au travail de ladite verrerie, moyennant quoi leur sera payée par ledit Sarode la somme de six-vingts livres à l'achèvement desdits four à pots, plus seront nourris par ledit Sarode, qui paiera aussi l'homme qui construira le four.

Mais quand tout semblait terminé surviennent de nouvelles lenteurs, et cette fois de la part d'Augustin Sarode, lequel devait se trouver à Nevers au 1er avril, pour emmener avec lui Hugues d'Hennezel et son ouvrier, et qui fait défaut, comme il est officiellement constaté par devant le notaire de Villars et en présence du sieur Castellan.

Par-devant le même notaire encore, le sieur de Longpré expose, le 5 octobre 1661, qu'en exécution du contrat passé le 14 octobre 1654, il a entrepris gentilshommes et autres ouvriers nécessaires et capables pour faire valoir une verrerie; qu'il est allé de ce fait au pays de Lorraine où, n'en ayant trouvé, il a été de verrerie en verrerie, puis a entrepris ses frères David, Isaac, Jean et Claude, tous écuyers, pour partir incessamment, et aussi le nommé Claude Guyot, fondeur, lesquels maintenant lui font sommation de prendre un parti le plus promptement possible. Ceci se passait au domicile de la demoiselle Suzanne d'Albane, veuve d'Horace Ponté, laquelle leur demande une quinzaine pour avertir le sieur Sarode.

(1) Archives des notaires de Nevers, mêmes minutes de Villars. L'acte est signé : *Agostino Saroldi, Hugue de Hannezé.*

Enfin, sur ces entrefaites arrive Charles Sarode (*Carlo Saroldi*); en présence du même notaire de Villars et de la veuve d'Horace Ponté, le 12 octobre, il est donné lecture du contrat de 1654; Hugues d'Hennezel reconnaît qu'il doit faire en la verrerie de Montenotte mille trois cents *quaisses* de verre de viltre, et Charles Sarode déclare avancer pour les dépenses du voyage la somme de 300 livres tournois (1).

Le 15 juillet 1671, un ouvrier de la verrerie de *La Nocle*, Jean Laveyne, *fondeur de gros verre de vistre*, s'engage encore à aller faire sa demeure en la verrerie de Montenotte, au service du sieur Sarode, pendant un an, à commencer le 1er avril prochain, moyennant le prix de 13 livres par chacune semaine (2).

Mais, c'est assez et trop peut-être, sur ce sujet ! Nous ignorons d'ailleurs la suite de l'histoire des verriers de Bois-Giset; il faudrait, pour la compléter, collationner minutieusement les archives si considérables des notaires, les registres des paroisses et les archives particulières des familles auxquelles ces gentilshommes s'étaient alliés (3).

Au moment même où nous envoyons ces lignes à l'impression, notre infatigable collègue, M. d'Espiard, nous fait part de nouvelles découvertes dans les archives des notaires de son

(1) Nous passons sous silence une réclamation du sieur François d'Hennezel, écuyer, seigneur de Lavot, demeurant au lieu de Breuille, paroisse de Maltat, pays de Bourgogne, lequel, à la date du 28 octobre 1667, s'adresse à Jean Castellan, lui demandant de lui faire payer les sommes promises pour qu'il parte avec ses ouvriers, ayant pris l'engagement, le 26 juillet 1666, de faire ouvrir la verrerie de Montenotte et du Fourny, en Italie, pendant deux années, etc..., à quoi le sieur Castellan a répondu qu'il en donnerait avis aux sieurs Jacques et Charles Sarode frères, n'étant que leur mandataire. (Minutes de Villars.)

(2) Archives des notaires de Nevers, minutes de France.

(3) Parmi ces familles, nous rappellerons les de Balorre et les de Chargères qui, très-étroitement unis aux verriers, n'ont cependant pas travaillé au verre, comme semblerait l'indiquer le sommaire de ce chapitre, page 112.

voisinage. C'est entre autres un contrat d'apprentissage d'un gentilhomme verrier, avec serment de ne pas révéler le noble art de faire le grand verre en plats.

Cet acte des plus curieux mentionne les quatre grandes familles lorraines ayant le privilége de souffler le verre en plats sans déroger à leur noblesse, comme de haute ancienneté l'avaient en Normandie les quatre familles des Bongards, Brossard, Caqueray et Le Vaillant (1).

Nous nous empressons d'en donner la copie ·

« Cejourd'huy deuxiesme jour d'aoust mil six cent cinquante par devant moy nottaire roial soubsigné et présent les tesmoings cy après, au lieu de Lisle (paroisse de Savigny sur Canne) hostel du juré avant midy, s'est comparu en sa personne Pierre *de Thiétry*, ecuyer sieur de Sainct Vaulbert lequel désirant apprendre le noble art de faire du grand verre en table, et scachant que ledit art ne se confert ny ne peult apprandre que par gentilhomme des quatre familles *de Thiertry*, *de Henneʒel*, *de Thisac* et *de Biseval* en ligne masculine ou à gentilhomme dont l'origine est bien vérifiée estre descendu des quatre (2) le quel comme estant descendu de la dite famille *de Thiertry*, en la présence de Jacques de Hennezel, escuyer sieur du Courroy et Jacques

(1) *Les verreries de la Normandie*, par Le Vaillant de La Fieffe, chapitre II, *les Gentilshommes verriers*, p. 447-471.

(2) Les *Thisac*, que nous n'avions pas encore eu l'occasion de citer. se retrouvent dans le travail de M. Beaupré (*Recherches sur l'industrie et les priviléges des verriers dans l'ancienne Lorraine*).

En 1505, le duc René II permit à François de Tysel (*Thisal*, *Tisac*) d'établir une verrerie au lieu dit la Haute-Frison, sur le Rupt des Vosges. De même, les *Biseval* — si l'on se rappelle combien l'orthographe des noms propres variait alors — ne doivent être autres que les *Bisonale*, descendants de Jehan et Pierre *Brysonale* ou *Bysenale*, maîtres verriers, mentionnés sur la charte de 1448, renouvelée en 1469. Ce titre si précieux mentionne précisément que les verrières sont au nombre de quatre, gouvernées chacune par des membres des quatre grandes familles privilégiées.

de Hennezel, escuyer sieur de La Sebille, a juré et affirmé par son serment presté par devant moy notaire roial présens les dits sieurs de La Sebille et du Courroy et les tesmoings cy apprès estre issu de la première famille de Thiertry et qu'il désire apprandre ledit noble art promet par sondit sermant et soubs la peine de cinq (?) neus escus sol applicquable à la communaulté des familles *de Thiertry, d'Ennezel, de Thisac* et *Biseval* pour la moitié et pour l'autre moitié au roy. Ou au..... ou il aura contrevenu ni monstrer ny anssigner ledit noble art qu'à ceux issus des dites quatre familles ou à gentilshommes descendus de quatre lignées, travaillier ny conférer dudit noble art avec aultre personne. Dont et du quel serment je aux dits sieurs octroyé acte en presence d'honorable homme Jehan Tixier marchand et Gabriel Prévost meusnier demeurants audit Lisle ; ledit Prévost ne signe enquis. »

Ainsi signé : P. de Thietry Saint-Vaulbert, J. de Hennezel Sebille, J. de Hennezel Corroy, Tixier, et du notaire Pierre (1).

M. d'Espiard nous signale aussi, dans le volumineux inventaire déjà cité des meubles de Jean de Ponard et de Claudine de Reugny, commencé le 15 février 1574, la mention de lettres en parchemin contenant l'acte de vente de la verrerie de *la Boue*, appelée *Chenanbray*, par noble homme Olivier Mesmain, à défunt Jehan Ponard et à Guion Ponard. frères ; acte reçu le 20 février 1557 par Bailezy, notaire royal à Moulins-Engilbert.

D'où il suit d'une manière maintenant certaine que Chenambret et la Boue n'étaient vraiment qu'un même établissement, contrairement au doute que nous avions précédemment émis (2).

_____

(1) Minutes de Pierre Pierre. notaire royal à *Lisles*, aujourd'hui simple domaine de la commune de Saint-Gratien-Savigny, canton de Fours.

(2) Voir plus haut, page 125.

M. l'abbé Baudiau, dans son *Essai sur le Morvand*, fait
mention à l'article consacré à Savigny-Poil-Fol, jadis siége
de l'une des trente-deux châtellenies du Nivernais, d'un sire
d'Ennezel, qui eut, au seizieme siècle, un grave démêlé avec
le curé de la paroisse. Ce seigneur avait obtenu, moyennant
la promesse d'un calice d'argent, la permission de bâtir dans
l'église une chapelle qu'il dédia à saint Michel, mais il refusa
plus tard d'exécuter son engagement; c'est pourquoi il fut
cité par-devant le bailli de Savigny et condamné à livrer le
calice promis (1).

Il serait bien intéressant de connaître la date précise de cet
acte, qui pourrait peut-être nous édifier sur l'époque de la
venue des d'Hennezel en Nivernais.

Le 22 février 1670, Isaac d'Hennezel, écuyer, demeurant
« à présent (2) » *en la verrerie d'Avry*, paroisse d'*Aubigny-
le-Chety* (3), reconnaît avoir reçu la somme de 450 livres,
provenant des deniers du mariage de feu damoiselle Barbe
de Thiétry, son épouse, duquel il est resté une fille nommée
Jeanne-Marie de Hennezel, de présent en pension au logis
du sieur David d'Hennezel, écuyer, résidant à *la Grant'-
Catherine*, laquelle somme il s'oblige de restituer à sa fille
lorsqu'il se rencontrera lieu pour la marier ou se mettre en
religion. Il déclare en outre avoir renoncé au reste de la
succession de ladite demoiselle sa femme, consistant en un
billet resté aux mains de demoiselle Claudine, femme du
sieur Josué d'Hennezel, écuyer, sieur d'Ormoy en partie,
demeurant à *Nammeure* (Namur), lequel billet porte environ
1,000 livres barrois et autres billets pour les meubles, bagues
et joyaulx, etc. (4).

---

(1) *Le Morvand*, t. 1er, p. 390 de la première édition.

(2) En 1661, il était avec ses frères à Bois-Giset.

(3) *Avril-les-Loups*, hameau de la commune d'Aubigny-le-Chétif,
canton de Decize. (*Dictionnaire topographique du département.*)

(4) Archives des notaires de Nevers, minutes de France. — *L'Inventaire sommaire des archives de Meurthe-et-Moselle*, par M. H. Lepage,
contient de très-curieux documents sur les gentilshommes verriers du

La *Grande-Catherine* dont il est ici question, où résidait David d'Hennezel, frère d'Isaac, n'est autre que l'ancienne verrerie de Fours, dite de Sainte-Catherine. Tous ces établissements de La Nocle, de Prunevaux, de Bois-Giset, d'Avril, de Fours, fondés par les verriers lorrains, avaient été abandonnés dès la fin du dix-septième ou au commencement du dix-huitième siècle Cependant, vers 1779, M. de Vogué, seigneur de La Nocle, avait à grands frais rétabli la verrerie de Fours. Un *mémoire instructif* sur cet établissement, rédigé en pleine Révolution, *par des amis de la justice et de la vérité* (1), rend hommage aux généreux sacrifices que l'émigré Vogué et sa famille s'étaient imposés tant pour le bien général de la patrie que pour le bien particulier des habitants de la commune de Fours. Si l'on ajoute, en effet, au nombre des souffleurs, tiseurs, fondeurs, étendeurs, fournalistes, potiers, etc., qui sont pour le service intérieur de l'usine, les commis, bûcherons, bouviers, etc., qui travaillent à l'extérieur, le calcul ne se portera pas à moins de mille individus que cette verrerie fait vivre. On y rappelle que M. de Vogué avait appelé le citoyen Schmid, propriétaire de la verrerie de Boucard, fermier de celle d'Aubigny, dans le département du Cher, élevé de père en fils dans cette industrie, et regardé comme celui qui, en France, avait le plus de connaissances dans cette partie; aussi avait-il porté bien vite la verrerie de Fours à un haut degré de perfection.

Il faut consulter à ce sujet les registres paroissiaux de Fours. On y rencontre dès le commencement d'avril 1779, comme parrain, Jean-François Scalabrino, fils de François-Martin Scalabrino, premier commis de la verrerie royale de Sainte-Catherine; — le 29 avril, Nicolas Hyacinthe Multz.

nom d'Hennezel et de Thiétry. Nous en avons trouvé l'indication dans un petit travail récemment publié à Nancy (mars 1885), sous ce titre: *De la prétendue noblesse des gentilshommes verriers en Lorraine*, par M. Léon Germain.

(1) Archives de la préfecture. Communication de M. de Flamare.

directeur-propriétaire de la manufacture royale de Sainte-Catherine, ancien officier de cavalerie, pensionné du roi, époux de Mme Françoise Vulliez, ayant sa résidence à Landanges, diocèse de Trêves, parrain aussi d'un fils de Martin Mathis, *verrier* de ladite manufacture ; il meurt peu après, et est inhumé le 14 août. C'est alors que M. de Vogué sans doute devient acquéreur de la verrerie.

Le 16 novembre, François Lang, *verrier en verre de table* à la verrerie de Sainte-Catherine, fils de Michel Lang, verrier à Saint-Quirin, diocèse de Metz, et de Catherine Keller, se marie à Catherine Geind, fille de Jean-Georges Geind, fondeur en ladite verrerie.

A la fin de cette même année 1779, le samedi 4 décembre, le curé de la paroisse note qu'il a béni la halle et le premier four de la verrerie de Sainte-Catherine, tous les ouvriers étant présents à la cérémonie. M. Bellet, représentant M. le marquis de Vogué, a mis le feu au *four à verre de gobléterie*, après quoi nous avons chanté le *Laudate*. MM. les directeurs, associés, directeur en second et commis ont signé l'acte que nous transmettons à l'avenir.

Le 26 juillet 1782 est baptisée Jeanne-Françoise-Constance, fille de *Melchior Schmith, maître de la verrerie*, et de dame Claude-Nicole Glaise ; le parrain se nomme messire Jean-Nicolas de Brossard, chevalier, seigneur de Boismallet et de la Perrière ; — le 3 janvier 1785, autre baptême d'un fils de *Ours Schmith*, commis à la verrerie, et de Marie Hansé ; les parrain et marraine sont Pierre-François-Louis de Chazal, seigneur d'Issonche, et Jeanne-Marie-Françoise de Chazal. Un troisième membre de la famille Schmith, prénommé Joseph et qualifié de *coupeur de verre*, est cité, dès 1759, etc. (1).

M. Née de La Rochelle, dans ses *Mémoires sur le Nivernais*, publiés en 1827, consacre quelques lignes à la grande

(1) Tous ces extraits des registres de Fours nous ont été communiqués par M. le baron d'Espiard.

et belle manufacture de Sainte-Catherine, où l'on fabrique du verre blanc. Elle contient, dit-il, quatre fours, dont deux peuvent être alternativement en activité. Le verre qui en sort est le produit d'un sable vitrifiable que l'on tire de Ternant, commune du canton de Fours. Les creusets de cette verrerie se font avec la belle argile connue sous le nom de terre du Port-Tarraud, aux confins du département, et la position de cette verrerie à la proximité des grands bois et des charbons de Decize, rend son exploitation plus facile (1).

Le bourg de Fours n'était plus connu dans ces dernières années que par son importante fabrique de porcelaine.

Combien d'autres établissements verriers existaient certainement de haute ancienneté en Nivernais, peut-être même à Nevers !

Ainsi, sur une charte de l'année 1178, fonds de l'abbaye Saint-Martin de Nevers, nous rencontrons comme témoins : Hugues le monétaire et maître Raoul le verrier : *S. Hugonis monetarii, S. magistri Radulfi vitrearii* (2).

Le *Dictionnaire topographique du département* nous signale : *la Verrerie-Godard* et la *Verrerie-Neuve* en la commune de Saint-Léger-des-Vignes ; — *La Verrerie*, hameau détruit, commune de Montsauche, porté sur la carte de Cassini, etc. On se souvient de la *verrerie d'Apremont*, fondée au milieu du siècle dernier par Mme de Béthune, et qui a fait l'objet d'un mémoire auquel, plus d'une fois, nous avons renvoyé le lecteur.

La trace de beaucoup d'autres établissements se retrouvera certainement encore dans les noms de lieux énumérés sur les anciens contrats, dans les vieux terriers et notamment dans le dépouillement méthodique des registres de l'état civil.

(1) *Mémoires* tome II, pages 231-234.

(2) Une autre charte de 1247, même fonds Saint-Martin, aux archives de la préfecture, mentionne encore la présence, non plus de verriers, mais de monétaires à Nevers. Il s'agit d'une pièce de terre sise *ultra Ulmum de Nivernis, haud longe a via per quam itur ad Vauzellas, inter terras* MONETARIORUM *Hugonis de Monteto et Soretc.*

Les deux verreries à bouteilles de Decize, aujourd'hui les seules en activité dans le département de la Nièvre, ne sont autres que les verreries de Saint-Léger-des-Vignes, fondées en 1789, sur le vaste port où la compagnie des houillères avait établi ses dépôts de charbon, d'où le nom de *La Charbonnière*.

Depuis longtemps, ces verreries appartenaient à la Compagnie des mines de Decize.

En 1869, les verreries furent vendues en même temps que les mines à MM. Schneider et Cⁱᵉ, du Creusot, qui les exploitèrent jusqu'en 1879.

En cette dernière année seulement, MM. Schneider et Cⁱᵉ ont affermé lesdites verreries, pour une période de vingt ans, à M. J. Clamamus, de Saint-Léger-des-Vignes.

Les produits des verreries de Decize (bouteilles de toutes formes et nuances, avec spécialité de champenoises pour vins mousseux), sont très-appréciés au triple point de vue du fini de la bouteille, de la beauté du verre et de sa très-grande résistance.

C'est à cette qualité que M. J. Clamamus, outre les diplômes d'honneur qu'il a reçus à différentes expositions industrielles et tout récemment à Moulins, doit de faire encore quelques affaires en Italie, d'où les verriers français ont été à peu près chassés par les verriers allemands, le besoin de bouteilles solides s'étant fait sentir dans la province de Turin depuis cinq ans que l'on champagnise le vin d'Asti et des environs.

Citons enfin, pour mémoire seulement, la verrerie et cristallerie de l'Épeau, à Donzy, que les excursionnistes de la Société nivernaise avaient vue en pleine activité au mois de juillet 1873. Fondée l'année précédente par M. Bedouet, neveu de l'imprimeur Mame, et desservie par des artistes verriers de Normandie, elle n'eut qu'une existence éphémère.

CHAPITRE VI.

ALTARE ET NEVERS.

Sur le point de terminer ces pages où si souvent se trouve inscrit le nom de la cité d'Altare, un instant, par la pensée, transportons-nous dans ce pays d'origine de nos verriers de Nevers.

Aussi bien, tandis que, il y a déjà six ans écoulés (1), par l'intermédiaire si obligeant et si dévoué de M. Chevalier-Lagénissière, alors à Turin, nous poursuivions de ce côté nos investigations, fort à propos et simultanément se publiaient à Gênes et à Savone deux brochures des plus intéressantes, relatives à l'histoire de la verrerie d'Altare, et que notre collègue s'empressait de nous faire parvenir (2).

Une première remarque qui nous a le plus frappé à la lecture de ces curieux travaux, concerne l'antique origine des Sarode, des Borniol et autres verriers altarais venus à Nevers. Naturellement, nous les croyions d'origine italienne; or, voici que la *Monographie de l'art du verre à Altare*, publiée par M. le chevalier Enrico Bordoni, comme les *Aperçus historiques*, de M. le professeur Gaspard Buffa, s'accordent à établir leur origine flamande.

(1) Voir *Bulletin de la Société nivernaise*, t. XI, page 35, procès-verbal du 3 juin 1880.

(2) *Enrico Bordoni.*— L'industria del vetro in Italia. *L'Arte vetraria in Altare*, nella sua origine, nelle sue vicende nel suo sviluppo — nelle sue speranze. — *Savona*, tipo-litographia di Andrea Bicci. 1879. *L'Universita dell' arte vitrea di Altare* dalle sue origini ai nostri giorni. — Cenni storici di *Gaspare Buffa.* — *Genova*, tipografia di Gaetano Schenone. 1879.

D'après une tradition locale, dit ce dernier (1), tradition embellie peut-être par l'imagination populaire, mais au-dessus de la critique dans sa partie substantielle, vers l'an 1000 de l'ère vulgaire, vivait dans la petite île de Bergeggi, près de Savone, un pauvre ermite, venu là de la Flandre française, lequel devint abbé de la riche abbaye de Fornelli, près de Mallare. Les bois épais qui alors couvraient toutes les crêtes des Apennins, et dont aujourd'hui encore on admire les restes majestueux à Montenotte (2), lui persuadèrent que ces lieux convenaient parfaitement pour y établir des verre-ries. Avec cette idée fixe, le bon ermite se rend dans sa patrie et persuade quelques familles d'émigrer et de s'établir sur les cimes de notre Apennin, pour y travailler à la fabrication du verre (3). Ces familles étaient au nombre de huit environ,

(1) *L'Arte vitrea in Altare. Origini,* page 12 et suivantes.

(2) On a vu dans le chapitre précédent l'épisode relatif aux verreries de Montenotte.

(3) Altare est aujourd'hui une commune de 2,000 âmes, située au-dessus de Carcare, sur le versant septentrional. On y arrive de Savone à peine après avoir passé le pas dit de Cadibona, là où, selon certains géographes, viennent se rencontrer et s'abaissent successivement d'une part les Alpes-Maritimes, d'autre part les Apennins. Cette commune appartient à l'arrondissement de Savone, et par conséquent à la province de Gênes.

A propos du nom même d'*Altare*, nous ne pouvons oublier de faire remarquer ici quelques méprises curieuses reproduites dans des actes anciens précédemment cités et qui n'auront pas échappé sans doute aux lecteurs attentifs : ainsi, à la note de la page 60, dans un acte passé à Nevers en 1659 par-devant le notaire *de Villars*, et relatif à un gentilhomme verrier du nom de Massard (*Massaro*), originaire d'*Al-tare*, au pays de Monferrat, le notaire a écrit : originaire du lieu de l'*hôtel* de Monferrat. Il y a ici l'indication d'une double méprise ; d'abord le nom de lieu *Altare* traduit par l'*autel* (l'autel sacré, *Altare Dei*), puis ce mot phonétiquement rendu par *hôtel*. De même, à la page 84, le curé de la paroisse Saint-Laurent, dans l'acte de mariage de *Fillipo Privoto*, en 1678, le qualifie Italien de nation, natif de *Lautel*, proche *Savone*, demeurant de présent à Nevers ; or, *Lautel* est évidemment *Altare*, en effet tout proche de Savone, traduit par *autel*

M. Schuermans signale dans sa quatrième lettre une semblable

dont voici les noms italianisés (*i nomi fatti italiani*), tels qu'ils se sont conservés jusqu'à ce jour, — ces familles n'étant pas encore éteintes, — avec leurs correspondants dans la langue franco-flamande ou normande, tels qu'on les retrouve aussi en Flandre et spécialement à Val-Saint-Lambert.

Ces noms sont : Bordoni (*Bourdon*), Biancardi (*Blanchard*), Buzzone (*Bousson*), Brondi (*Breaund*), Bormioli (*Borgnolle*), Rachetti (*Raquette*), Saroldi (*Saraud*) (1).

méprise pour les *Ferri*, de Provence, auxquels on assigne pour lieu d'origine *Lanta*, au diocèse de *Noli*, dans l'ancienne Pouille. Il est très-possible, en effet, dit-il, qu'il s'agisse du diocèse de Noli, près de Gênes, et qu'il faille changer le nom du reste inconnu *Lanta* en *Laltar*, c'est-à-dire l'Altare ou Altare.

Peut-être pourrions-nous ajouter encore que le sieur Isidore *de Revet* ou *Drevet*, écuyer, qui travaille à la verrerie de Nevers en 1672, est bien proche parent sans doute de *Domenico Riveta*, auquel, le 24 février 1685, Jeanne Pluchon, femme de Nicolas « de Bourgniolle, sieur de Fourchambault », transportait, par procuration de son mari, l'accense d'une maison appartenant à Pierre Maulguin, chanoine de la cathédrale, et sise devant la verrerie. (Minutes Taillandier. — Voir aussi, dans le chapitre III, pages 80-85.)

Plus d'un oubli de ce genre aura pu nous échapper encore.

(1) On remarquera sans doute ici l'absence du nom de Ponté, si étroitement uni cependant avec celui des Sarode. La famille *Ponta*, veut bien nous écrire M. Bordoni, — était originaire du pays, peut-être Ligure ; elle s'est éteinte depuis environ un siècle Le seigneur *Horace Ponté*, qui donna une si grande renommée à la verrerie nivernaise, était sans doute un *attiseur* ou *apprêteur*, qui, après, avoir terminé l'apprentissage voulu par les chapitres de l'art, s'agrégea aux maîtres verriers. (Voir plus haut, dans le chapitre III, page 82, la note relative aux différents emplois dans les verreries.) — Semblable remarque s'applique : 1° aux *Castellan*, non moins connus à Nevers. La famille *Castellani* était originaire de *Carcare*, pays voisin d'Altare. On peut supposer, dit également M. Bordoni, que, pour services rendus, le consulat l'agrégea *ad honorem* à la corporation, comme il le fit pour beaucoup d'autres familles ; — 2° aux *Perrotti*, qui devaient être originaires du pays de *Bormida*, peu distant d'Altare, où aujourd'hui encore il existe plusieurs familles de ce nom. Il est hors de doute que les Perrotti ont été agrégés à l'art, et que quelques-uns des

D'après le même auteur, le type physique de l'Altarais, l'idiome du pays, certaines désinences et inflexions qui lui sont propres, ainsi qu'un grand nombre de mots particuliers, et encore les statuts de l'art, les usages traditionnels, les méthodes de travail sont autant de preuves de l'influence française à Altare.

Ainsi, par exemple, tandis que les ouvriers originaires du pays se nommaient et sont encore nommés les paysans *(paesani)*, les descendants des anciennes familles des verriers composant l'université de l'art s'intitulaient d'un mot français inconnu dans les environs : *Monsu*, les monsieurs (1). et pendant plusieurs siècles ils eurent dans le pays la prépondérance exclusive...

Quand la peste ravageait l'Italie, en 1630, Altare fut épargné, et la commune attribua cette singulière faveur du ciel à saint Roch, qu'elle invoqua dès-lors comme patron. Or, il n'est sans doute pas inutile de faire observer, ajoute l'auteur, que saint Roch était appelé *prince d'origine française. (Non è forse inutile, il far notare che S. Rocco era tenuto e detto Principe di origine francese.)*

Plus tard, quand revenait la fête du saint patron, le 16 août, parmi les curieuses particularités que signale le même auteur, il est à remarquer que le préconiseur criait à trois reprises, avec une voix de stentor : *Buà monsû Roch !* c'est-à-dire : *A nous !* for mule absolument française, *formola anch' essa francese* (2).

---

leurs avaient travaillé avec les Bormioli, les Ponta et les Saroldi en Flandre. Un registre du consulat mentionne, sous la date du 27 septembre 1685, un reçu du sieur *Christophe Punta* et de *Jacques Perrotto*, pour entier payement de ce qu'ils ont travaillé en Flandre par le passé : huit *crociati*, valeur égale à 308 florins.

(1) *I membri dell' Universita si intitolavano con voce francese e ignota nei diutorni* i MONSU. (Page 20 des *Stenni Storici di Gaspare Buffa.)*

(2) M. Roubet, dans sa *Notice sur la verrerie d'Apremont*, raconte qu'un jour le directeur de cette verrerie, M. de Rupt (1766-1769). se présenta à l'église si excentriquement encapuchonné que les assis-

Après cela on a lieu de s'étonner de la conclusion de l'auteur, attribuant une origine flamande plutôt que française aux verriers altaristes. M. Schuermans, qui a discuté, avec sa haute compétence, cette si intéressante question, dans sa troisième lettre au comité du *Bulletin des commissions royales d'art et d'archéologie*, conclut à l'origine normande. En Normandie, en effet, les verriers s'appelaient aussi *les messieurs*, et la forme primitive des noms cités est plutôt normande que flamande, — et, au surplus, « ce qui emporte la pièce, Val-Saint-Lambert, est un établissement datant non de l'an 1000, mais de 1826, époque où l'industrie verrière fut installée dans les bâtiments de la vieille abbaye, supprimée à la Révolution française. »

M. Buffa a déclaré depuis, par suite de ces observations, qu'il ne persiste pas à soutenir l'origine flamande des Altaristes.

De son côté, M. le chevalier Bordoni, descendant d'une de ces premières familles de nobles verriers (1), confirme pleinement toutes les allégations relatives à la haute origine des Altaristes, allégations qui reposent non-seulement sur la tradition, mais sur certains documents découverts par le révérend chanoine T. Torterolo, bibliothécaire à Savone. M. Bordoni cite, en outre, cet extrait du *Dictionnaire coro-*

---

tants ne purent tenir leur sérieux. Et le curé laissa tracer sur son registre de paroisse le portrait, peu flatté, du directeur, avec cette mention textuelle :

« Un monsieur à perruque rousse, dont la figure est ici tirée au naturel, s'est avisé de .nir ainsi bâti à la messe. *Monstrum horrendum ingens*, s'écria saint Roch, qui mit son chien après luy. »

Notre président ajoute : « On ne devait guère s'attendre à voir saint Roch en cette affaire ! »

Ne serait-ce pas au contraire un souvenir du patronage de saint Roch ?

(1) M. E. Bordoni, ancien secrétaire de l'Association artistique des verriers d'Altare, en est aujourd'hui le directeur, depuis la mort de M. Ferdinando Bormioli.

graphique de l'Italie, par le professeur Amato Amati :
« Altare était, aux temps anciens, muni d'un château-fort et
entouré de murailles. Vers le neuvième siècle, ce pays
appartenait aux seigneurs de Monferrat, lesquels concédèrent
à des émigrants français de Bretagne et de Normandie le
privilége d'y exercer l'art de la verrerie et accordèrent à leurs
familles le titre de noblesse et de magistrature consulaire. »

Dans une note manuscrite, M. Bordoni voulait bien
ajouter que les armoiries des familles des verriers indiquent
davantage encore leur origine française. Et comme nous lui
demandions s'il serait possible de connaître d'une manière
précise les écussons de ces familles établies à Altare depuis
le onzième siècle, M. Bordoni nous adressait un charmant
croquis des blasons, copiés sur les originaux qui existent
dans l'église d'Altare, fondée par ces familles. En même
temps M. Chevalier-Lagénissière s'offrait généreusement à
faire lithographier cette planche de blasons à Turin et nous
en envoyait la description, avec les belles épreuves qui vont
illustrer ce dernier chapitre de l'histoire de nos verriers.

Chacun des écussons ci-après décrits est représenté dans
un cartouche, et tous sont uniformément timbrés d'une
couronne d'or à l'antique. Les lecteurs rigoureux au sujet
des règles du blason remarqueront plusieurs exceptions à ces
règles, notamment en ce qui concerne la non-superposition
des couleurs ou métaux.

BORMIOLI. — *D'azur, au bœuf contourné d'or passant sur*
une champagne losangée de gueules et d'argent ; accom-
pagné en chef de trois étoiles d'or à huit pointes, mal
ordonnées.

(Nous devons faire observer que, sur les peintures murales
de l'église paroissiale d'Altare, peintures plusieurs fois
restaurées, les losanges de la champagne sont indiqués
aujourd'hui comme étant de gueules et d'une couleur indécise entre l'azur et le violet. Il y a eu là assurément erreur
de la part du peintre, erreur qui provient sans doute de ce

que, sur les anciens monuments où était représenté l'écusson
des Bormioli, les losanges d'argent, en s'oxydant, avaient pris
peu à peu cette teinte incertaine que l'artiste a reproduite.)

Ajoutons que la branche de cette même famille à qui,
par la suite, a été octroyé le comté del Pino, a quelque peu
modifié son blason. Les Bormioli, comtes del Pino, portent :
*Coupé, au premier d'azur à trois étoiles d'or mal ordonnées,
au second de gueules au bœuf d'or* (1).

BORDONI. — *D'azur, à deux bâtons au naturel passés en
sautoir, surmontant une champagne barrée d'or et de
gueules de dix pièces ; accostés de deux fleurs de lis d'or,
soutenus par une autre fleur de lis de même, celle-ci brochant sur la champagne et sur le champ ; et accompagnés
en chef de trois étoiles d'or à huit pointes, mal ordonnées.*

SAROLDI. — *Coupé d'azur et de gueules, à la demi-roue
d'or brochant sur le tout, accompagnée en chef de trois
étoiles d'or à huit pointes, mal ordonnées, et en pointe de
trois grumeaux de sel au naturel rangés en fasce.*

BRONDI. — *D'azur, au lion d'or rampant contre une tour
de même, sur une champagne à pré fleuri ; le lion, sénestré
d'une fleur de lis d'or, et accompagné en chef de trois
étoiles d'or à huit pointes, mal ordonnées.*

(1) Le *Nobiliaire du Dauphiné* ou discours historique des familles
nobles qui sont en cette province, avec les blasons de leurs armoiries,
par M. Guy-Allard, Grenoble, 1679, p. 32, décrit ainsi les armes des
Barniol, famille venue d'Avignon, il y a cent ans, pour travailler à
faire des verres en Dauphiné : *De gueules, au lyon d'or, tenant une
épée nue d'argent, à la garde et poignée d'or, et trois étoiles de même,
posées en chef.*

On a vu précédemment qu'on prononçait et écrivait souvent Barniol
et Barniolles pour Borniol.

M. Henri de Borniol, de Paris, nous écrit que le sceau de sa famille
porte : *D'azur, au chevron d'or, accompagné en chef de deux roses
(ou de deux étoiles) de même, et en pointe d'un bœuf d'argent sur une
terrasse de sinople.*

BORMIOLI
(Dorgnolle)

BORDONI
(Bourdon)

SARCLDI
(Saraud)

BRONDI
(Breaund)

BUZZONE
(Bousson)

BIANCARDI
(Blanchard)

VARALDI
(Varaud)

RACCHETTI
(Raquelle)

RACCHETTI-VARALDI

ARMOIRIES DES ANCIENNES FAMILLES DE GENTILSHOMMES VERRIERS
D'ORIGINE FRANÇAISE ÉTABLIES À ALTARE DEPUIS LE XIème SIÈCLE

D'après un croquis dû à l'obligeance de M. BORDONI, Régent de la Direction de l'Association artistique des Verreries d'Altare

BUZZONE. – Dans l'église paroissiale d'Altare, les armoiries de cette famille sont représentées comme suit : *Taillé; au premier d'argent, à l'avant-bras posé en barre, habillé d'une maille d'acier au naturel ombrée d'o; la main nue, de carnation, tenant trois javelots de sable armés de pointes d'or; — au second, fuselé d'argent et de gueules.*

(Quant aux émaux de la partie inférieure de ce blason des Buzzone, nou avons à faire la même observation que pour les émaux de la champagne des Bormioli : le peintre les a aussi représentés, par erreur, de gueules et d'une couleur indécise entre l'azur et le violet.)

Ce ne sont pas là, croyons-nous, les véritables armoiries des Buzzone. En effet, dans l'église de la SS. Annunziata (Notre-Dame de l'Annonciation), bâtie en 1690, sur l'emplacement de la paroisse primitive d'Altare, par Mathieu Buzzone, verrier, qui fit sa fortune à Rome, pour avoir, au moyen de certaines herbes médicinales, guéri un Pape qui avait à une jambe une plaie considérée comme incurable ; dans cette église, disons-nous, on voit, représenté avec soin par un artiste habile, sur la porte d'entrée et sur la tombe de Mathieu, l'écu que nous indiquons ci-après, et qui nous semble être le vrai blason des Buzzone :

De gueules, à la bande d'azur bordée d'or et chargée de cinq chevrons de même. — L'écu, timbré de la couronne d'or à l'antique, est surmonté, en cimier, d'un bras habillé d'une maille d'acier, la main gantée de même, tenant trois javelots d'acier, armés et empennés d'or, avec la devise : *Constantia.*

BIANCARDI. — *D'azur, à la montagne à trois hauts pics, couverte de neige au naturel, mouvante de la dextre de l'écu, posant sur une champagne barrée de gueules et d'or de six pièces; la montagne sénestrée de trois fleurs de lis d'or mal ordonnées.*

VARALDI. — *D'azur, à deux fers de scie au naturel posés en sautoir, surmontant une champagne losangée de sinople et de gueules, les losanges rangés en tires d'échiquier; les fers de scie accostés et soutenus de trois fleurs de lis d'or, et accompagnés en chef d'une étoile d'or à huit pointes.*

Il convient de faire observer, à l'égard des émaux de la champagne de cet écu, que l'on rencontre, dans le nord de l'Italie, cette réunion du sinople avec une autre couleur, sans que cela constitue une anomalie.

RACCHETTI. — *D'azur, à un pin au naturel planté sur une champagne bandée d'argent et de gueules de sept pièces; le pin accosté de deux étoiles d'or à huit pointes, et accompagné en chef de trois fleurs de lis d'or mal ordonnées.*

(Dans l'église paroissiale d'Altare, la champagne de l'écusson des Racchetti est indiquée comme étant bandée d'azur et de gueules. — Nous répétons ici ce que nous avons dit en parlant de l'écusson des Bormioli et de celui des Buzzone : il y a eu assurément erreur du peintre, qui a reproduit en bleu celles des bandes qui, primitivement peintes en argent, avaient, en s'oxydant, pris une teinte incertaine.)

RACCHETTI-VARALDI. — La famille Varaldi s'étant éteinte en la personne d'une femme mariée à un Racchetti, le dernier des Varaldi imposa aux Racchetti l'obligation de porter à l'avenir dans leur blason les armoiries réunies des Racchetti et des Varaldi. Ce blason se voit en bas-relief dans la nouvelle paroisse d'Altare, sur l'autel d'une chapelle dédiée à saint Joseph, et dont les Racchetti sont les patrons.

La famille Racchetti-Varaldi porte donc aujourd'hui : *Tranché, au premier des Rachetti et au second des Varaldi.*

Après ces documents qui ont pour nous un véritable attrait, puisque, outre les Sarode et les Borniol, plus d'une

'ois nous avons rencontré entre autres noms les Busson
ou Bousson et les Rachette, une autre remarque qui nous
intéresse plus particulièrement est celle qui concerne le
consulat de l'art, dont plusieurs fois aussi il a été question
dans ce travail (1).

On se souvient peut-être qu'en 1625 un gentilhomme
verrier d'Altare, qui s'était engagé envers le seigneur Horace
Ponté à travailler pendant un an dans la verrerie de Nevers,
s'étant enfui clandestinement et sans aucun prétexte après
deux mois seulement écoulés, procès-verbal avait été dressé
par-devant notaire, à la requête dudit maître de la verrerie,
afin qu'il pût recouvrer contre le délinquant tous dépens,
dommages et intérêts, *selon les ordonnances des sieurs
consuls de l'art de la verrerie de ladite ville d'Altare*, pour
ne l'avoir servi pendant le temps porté par ladite paction.

« Le consulat de l'art *(il consolato dell' arte)*, dit M. le
chevalier Henri Bordoni, était composé de six artistes verriers qui, aux termes du statut, étaient nommés à la majo-
rité par leurs compagnons de l'art, le jour de la fête célébrée
chaque année, avec pompe, à Noël.

» Il semble que c'était à ces consuls qu'était confié le
gouvernement des choses publiques, et plus spécialement
celles de l'art. De plusieurs documents il résulte que les
consuls verriers d'Altare furent reconnus par des princes de
Mantoue et de Monferrat et par la République de Gênes, et
que les fabriques de Bergame, Brescia, Bologne, Trente,
Milan, Turin et autres de la Romagne et du royaume de
Naples, même à l'étranger, en Angleterre, Hollande,
Flandre, France et Allemagne, payaient aux consuls d'Altare
pour avoir des artistes exerçant leur art et travaillant le
verre. Les consuls établissaient le prix des ouvriers ; — ils
composaient les maîtrises qui devaient aller dans les fabriques hors du pays ; — ils faisaient jurer aux artistes, avant

(1) *Vide supra*, chapitre Iᵉʳ, page 22, et chapitre II, page 30.

de partir, de retourner au pays pas plus tard que la fête de Saint-Jean d'août, de maintenir la solidarité entre eux, de faire scrupuleusement leur devoir et d'observer avec le même soin tous les chapitres de l'art, et ils recevaient solennellement leur serment, qu'ils inscrivaient sur un registre de parchemin dressé à cet effet. »

D'après les anciens registres des *recettes et dépenses des magnifiques consuls de l'art de la verrerie d'Altare*, on voit que les droits consulaires consistaient : dans les amendes en argent aux contrevenants aux chapitres de l'art ; dans les droits dus aux consulats par les patrons des verreries pour anticiper ou prolonger les travaux sur l'époque fixée par les chapitres ; dans les droits dus pour la concession des maîtrises en pays au-delà des limites prescrites par lesdits chapitres ; dans la taxe imposée pour l'agrégation des étrangers à l'art ; pour travailler certains jours de fête doubles ou autres éventualités prévues par réglement particulier.

C'est dans un de ces anciens registres que M. Bordoni a retrouvé une quittance de contribution payée par Charles-Roch Borniol *(Carlo Rocco Borniolo)* et Jacques Sarode *(Giacomo Sarodi)*, sous la date du 15 juin 1583, pour travailler avec la maîtrise en Flandre, après en avoir reçu la permission des consuls.

Nous aimons à rappeler, en terminant, le nom de ce Jacques Sarode dont il a été si amplement parlé au début de l'histoire de nos verriers ; mais, tandis que son œuvre a complètement disparu parmi nous comme en tant d'autres lieux de notre pays de France, tandis que les habitants de Nevers ont perdu jusqu'au souvenir de la noble industrie verrière, si nous reportons nos regards vers la cité d'Altare, bien différent est le spectacle qui nous est offert.

A l'exposition nationale italienne tenue à Milan en 1881, les verreries d'Altare se distinguaient d'une façon toute particulière, et obtenaient non-seulement une médaille d'argent pour leur belle exposition de produits de cristallerie pour services de table. dans lesquels elles dominent, mais encore une médaille d'or pour l'excellente et prospère organisation de leur société.

Les verriers altarais, en effet, se sont réunis depuis 1856 au nombre de 84, pour former une société de coopération productive sous le nom d' « Associazione artistico-vetraria »; cette association s'est complétée ensuite par une association d'assurance de pensions pour la vieillesse et par une société de secours mutuels, et le président du jury de l'exposition, M. le commandeur Luzzatti, député au parlement italien, la cite comme le plus lumineux exemple en Italie de sociétés coopératives de production (1).

Or, parmi les fondateurs de cette association artistique des verriers d'Altare, nous retrouvons encore les *Bormioli* et les *Saroldi*, dont les membres sont répandus en grand nombre dans les principales fabriques de l'Italie.

Dernier détail curieux et tout à fait typique à noter : Le 15 août 1882, la société, célébrant son anniversaire de vingt-cinq ans, fit frapper à cette occasion une médaille *de verre* (verre incolore, vert et blanc mat) que tous les associés portaient à leur boutonnière (2).

Elle offre d'un côté le portrait du fondateur, avec la légende :

GIUSEPPE CESIO. 24 DICEMBRE 1856.

Sur le revers, dans le champ : LAVORO E PREVIDENZA (travail et prévoyance). 15 AGOSTO 1882.

---

(1) *Una rivelazione della previdenza all' exposizione diMilano* (une révélation de la prévoyance à l'exposition de Milan), — dans la *Nuova antologia di scienze, lettere ed arti*, numéro du 1er novembre 1881 (Communication de M. Chevalier-Lagénissière, juge d'instruction à Chalon-sur-Saône.)

(2) M. Schuermans en a fait l'objet d'une lettre à M. R. Chalon, président de la Société royale de numismatique, publiée dans la *Revue belge de numismatique*, année 1885, sous ce titre : *Les médailles en verre d'Altare.*

ERRATA ET ADDITA.

ERRATA.

Nous en avons indiqué plusieurs dans des notes : Page 83, sur l'orthographe véritable de *Monferrato*, écrit d'abord *Montferrat*;

Page 136, sur le nom de lieu *Dori* pour *Dorl*;

Page 153, sur le nom d'Altare traduit par d'anciens notaires en *Hôtel* ou *Lautel*, etc.

Quelques observations rectificatives se trouvent aussi, page 144, sur les familles verrières, et, page 146, sur l'unification de la verrerie de La Boue et de Chenambray ou Chenambret.

Ajoutons encore qu'il faut lire : page 51, note 2, Jean *Mayeux* et non *Mayux*; ce peintre eut d'ailleurs une certaine notoriété à Nevers;

Page 121, il faut lire de *Vathaire* de Guerchy. au lieu de *Vatkaire*.

Le lecteur continuera s'il y a lieu.

ADDITA.

1° M. Augustin Cochin, dans sa *Notice sur la manufacture des glaces de Saint-Gobain*, qui fait suite à ses *Études sociales et économiques* (p. 285-286), parlant de l'art de la verrerie, spécialement ouvert de tout temps et même .éservé aux gentilshommes, en Dauphiné, en Normandie, en Lorraine, en *Nivernais*, se demande l'origine de ce privilège, et il propose cette explication qui intéresse particulièrement notre contrée :

« On ne doit pas oublier que les verreries ont été longtemps des dépendances de l'exploitation forestière, comme les petites forges. Il en est encore ainsi en Bohême... Dans ce pays, une verrerie se compose de deux fours, sous un misérable hangar en bois au milieu d'une forêt. On la transporte plus loin quand le bois est brûlé. Dans les pays de bois, *comme le Nivernais* ou la Lorraine, on trouve partout le nom ou la trace d'une verrerie, et des familles d'origine allemande dans les lieux où existaient ces verreries. Or, les forêts appartenant jadis aux gentilshommes, ils ont dû demander de bonne heure la permission de fonder des verreries sans déroger à la noblesse. — Puis, la faveur une fois accordée, le métier est devenu la ressource de gentilshommes ruinés et ensuite leur prétention. Ce qui était une exception à la noblesse est devenu une prétention de la noblesse »

2° A propos du miroir dont nous avons donné le dessin, page 98, il est intéressant de rappeler une expression insérée dans le brevet de 1688, accordé à Bernard Perrot ou *Perreau* (comme, à tort, on le trouve souvent écrit), brevet que nous avons mentionné aussi page 66. — L'associé de notre Jean Castellan est breveté pour le coulage des *cristaux à tables creuses avec figures.* Ces expressions, qui nous avaient échappé, s'appliquent parfaitement à notre miroir, dont les dessins sont en creux par-dessous et sans relief extérieur.

3° Nous aurions voulu pouvoir offrir aussi le dessin de quelques *bénitiers* dont on verra des types variés dans la collection de M. Bouveault. Le bénitier que nous appelons à ailerons ou à éventail semble avoir été le plus répandu. M. Robert Saint-Cyr fils, à Nevers, et M. de Laugardière, à Bourges, en possèdent chacun un, absolument semblables et d'origine certainement nivernaise.

TABLE DES MATIÈRES.

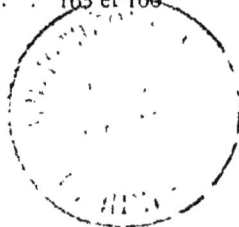

Nevers, Imp. Fay. G. Vallière, succ^r.